CONSOMMATEURS,
ce que l'on vous cache

ERIC LEHNISCH

CONSOMMATEURS,
ce que l'on vous cache

Orban

Orban, 1999
ISBN 2.85565-864-0

Sommaire

Introduction

« On nous cache tout, on nous dit rien », chantait Jacques Dutronc. Une petite mélodie que l'on pourrait reprendre en chœur en pensant à la façon dont les consommateurs sont aujourd'hui traités en France. Qui se préoccupe de les informer ? Entre les géants qui dépensent des millions pour faire passer leurs messages promotionnels et les particuliers qui tentent de démêler le vrai du faux, le rapport de forces est forcément déséquilibré.

Les pouvoirs publics ne font rien, il est vrai, pour y remédier. La Répression des fraudes, le seul organe officiel de défense des consommateurs, s'obstine à refuser de citer les industriels qu'elle épingle dans ses procès-verbaux. Officiellement parce que les dossiers doivent d'abord être transmis à la justice. Officieusement parce qu'on ne veut pas faire de tort à une société qui crée de l'emploi. Au nom de l'emploi, il faudrait donc accepter le mensonge et la manipulation... Un bel argument.

Nos gouvernants n'ont visiblement pas encore compris que leurs électeurs étaient aussi des consommateurs. L'affaire des OGM en est une triste illustration (page 136). Sous la pression des industriels, on a mis sur le marché des organismes génétiquement modifiés avant même d'avoir sollicité l'avis des principaux intéressés : ceux qui les retrouvent dans leur assiette.

Aujourd'hui, l'information des consommateurs provient d'une source quasi unique : les services marketing des grandes sociétés, dont l'art consiste à mettre en avant ce qui les arrange et à soigneusement cacher ce qui les dessert. Du téléphone mobile aux banques, en passant par les crèmes solaires, les faux soldes et les fichiers clandestins, la réalité se cache toujours dans les coulisses.

Chapitre 1

Ce que cachent les prix bas

Le prix réduit est devenu le sésame des nouveaux businessmen, un concept marketing capable de générer « du chiffre ». Pour vendre aujourd'hui, il faut vendre moins cher. Ou du moins le laisser croire... Peu importe si les rabais ne sont pas à la hauteur annoncée, ou si la qualité ne suit pas. L'essentiel est de convaincre le consommateur. Et ça marche.

LES VRAIS SOLDES... ET LES FAUX

Deux fois par an, le mot « soldes » déclenche une sorte de panique générale. Les magasins, nous dit-on, sacrifient leur marge. Les panneaux promettent jusqu'à moins 50, voire moins 70 % de ristourne ! Le paradis. Et la ruée : en France, près d'un vêtement sur quatre est acheté pendant les soldes de janvier et de juillet.

Hélas, les vrais soldes sont beaucoup moins nombreux qu'on ne le croit. Au départ, l'idée était pourtant séduisante. Les grands magasins l'avait inventée au début du siècle pour se débarrasser des invendus de leurs dernières collections à moindre prix. Tout le monde était content : le consommateur qui réalisait de bonnes affaires et le commerçant qui sauvait sa marchandise. Mais devant l'engouement suscité par les soldes, ce beau principe a rapidement été perverti. En janvier 1997 et 1998, deux enquêtes successives du mensuel *Que Choisir* mettaient les pieds dans le plat. Après des relevés de prix minutieux dans une vingtaine de magasins de la région parisienne, la conclusion était de nature à calmer les ardeurs des accros aux prix cassés. La moitié des produits soldés n'étaient pas en rayon un mois avant les soldes. Autrement dit, on avait fait venir les vêtements spécialement pour l'occasion, au mépris de la loi selon laquelle « *les soldes ne peuvent porter que sur les marchandises détenues et présentées à la vente depuis au moins un mois* ». Ce texte, voté le 5 juillet 1996, était censé mettre fin à une pratique devenue courante : fabriquer des produits à moindre coût juste avant le début des soldes... et les mettre en vente avec un prix barré qui n'a jamais été pratiqué (ou seulement pendant quelques jours). Le client pense alors profiter d'une bonne affaire, alors que la qualité a baissé en même temps que le prix ! Avantage pour le commerçant : il conserve sa marge tout en déclenchant un réflexe d'achat.

Second type de fraude : on solde... au même prix qu'avant. Rien de plus simple : le magasin achète des produits et les met en promotion juste avant les soldes (vraie ou fausse promotion, lui seul le sait). Le jour J, il remplace le terme « promotion » par le mot « solde », et le tour est joué. Tant pis si la pratique est illégale. Le prix barré initial doit en effet correspondre au prix le plus faible pratiqué dans les trente jours précédant l'opération (arrêté du 02/09/1977).

La dernière tromperie est plus grossière, mais toujours efficace. Il s'agit de gonfler artificiellement le prix initial de certains articles. Un pull vendu normalement

200 F passe ainsi à 180 F le premier jour des soldes... mais avec un prix barré indiqué à 300 F. Malin. Vous croyez bénéficier d'une ristourne de 40 % alors qu'elle est en réalité de 10 %.

Au total, 70 % des magasins contrôlés par *Que Choisir* étaient au moins une fois en infraction. Il faut dire que si la loi est claire, les moyens de la faire respecter laissent à désirer. Les inspecteurs de la Répression des fraudes font environ 8 000 contrôles par an pour

QUELQUES CONSEILS

— Pendant les soldes, évitez les achats compulsifs. Si vous tenez vraiment à profiter de prix réduits, faites un tour dans les magasins un mois avant les soldes, repérez les produits qui vous plaisent. Revenez le jour des soldes, et achetez seulement les vêtements que vous avez déjà vus auparavant.

— Méfiez-vous des ristournes trop alléchantes. Difficile de croire un commerçant annonçant une réduction de 50 % sur tout son magasin. Cela signifie qu'il vendrait quasiment à perte. Commerçant, d'accord, mais pas fou !

— Méfiez-vous aussi de certains secteurs comme le meuble, la bijouterie et le tapis : les arnaques y sont légion. Evitez les endroits trop touristiques (gares, grands boulevards...). Les clients sont de passage. Les commerçants savent qu'ils ne les reverront plus. Dans ces conditions, leurs scrupules peuvent être moins importants que ceux d'un petit magasin de quartier qui doit instaurer une relation de confiance avec ses clients.

— Théoriquement, un vêtement en solde est une fin de série. Si le modèle est proposé en grande quantité dans toutes les couleurs et dans toutes les tailles, c'est sans doute une commande « spécial soldes ».

— Enfin, fuyez les produits soldés sans prix barrés, autrement dit sans l'indication du prix initial. Une pratique illégale.

545 000 commerces en France. Un commerçant malhonnête prend donc 1,5 % de risque d'être découvert. Ça ne mange pas de pain d'essayer.

Au demeurant, les chiffres de l'INSEE montrent que les ristournes pendant les soldes ne sont pas aussi intéressantes qu'on pourrait le croire : 6,8 % en moyenne dans le secteur chaussure-habillement en janvier dernier. En clair, les baisses de 30 ou 50 % sur certains produits (quand elles sont réelles) sont largement compensées par la stabilité des prix des autres produits. De quoi garder la tête froide.

PROMOTIONS BIDON

Un autre mot magique ouvre les portefeuilles des consommateurs : promotion. Contrairement aux soldes, la promotion se fait toute l'année. Et souvent : elle touche un produit sur cinq vendu en grande surface ! Les opérations sont annoncées à grand renfort de dépliants publicitaires dans les boîtes aux lettres. Les prix sont souvent vertigineux... mais attention à l'atterrissage. Premier motif de déception : sur catalogue, une glacière, une valise ou même une boîte de chocolats peuvent apparaître bien plus grandes que dans la réalité. C'est bien connu, les photos sont susceptibles de modifier la perception des volumes, et certains savent en profiter...

Deuxième motif de déception, malheureusement assez fréquent, le produit ne se trouve pas en magasin. Autrement dit, on vous a fait venir en vous promettant monts et merveilles, et vous vous retrouvez bêtement à chercher un produit de substitution plus cher. La stratégie est payante, et elle est loin de relever de quelques cas isolés. Sur 7 500 articles observés par la Maison de la Consommation et de l'Environnement de Rennes, 14 % étaient absents des rayons (enquête publiée en septembre 1997). La loi exige pourtant que les produits en promotion soient disponibles, et que les dates du début et de fin de l'opération soient clairement indiquées. Contrairement à ce que voudraient nous faire croire certains distributeurs, la mention *« offre valable dans la limite des stocks disponibles »* n'a aucune valeur juridique. Les enseignes sérieuses devraient au contraire indiquer (et certaines le font) : *« si, malgré nos stocks, un article venait à manquer pendant la période de promotion, nous nous engageons à vous le procurer au prix indiqué dans les meilleurs délais »*.

Seul moyen pour le magasin d'échapper à cette obligation : préciser en toutes lettres la quantité des produits en promotion. Qu'à cela ne tienne, certains hypermarchés annoncent sur leur prospectus jusqu'à 50 % de réduction sur des téléviseurs, micro-ordinateurs ou lave-linge, précisant en petits caractères qu'il n'y en a... qu'un seul exemplaire de chaque. Ouvrez l'œil.

Si le terme « promotion » n'a pas de définition juridique, il implique clairement un prix plus bas que d'habitude. Est-ce le cas ? Dans l'esprit du consommateur, oui. Dans les faits, il est très difficile de le vérifier. Les étiquettes des promotions sont en effet moins précises que celles des soldes. On peut vendre en « promo » sans indiquer le prix normal ou initial du produit concerné. Or, les consommateurs sont bien incapables de le deviner par eux-mêmes... Dans l'enquête de la Maison de la Consommation et de l'Environnement de Rennes, 98 % des promotions n'indiquaient pas de prix initial ! Il faut donc croire à la bonne affaire sur parole. Risqué...

De surcroît, les articles en question, que l'on retrouve en tête de gondole dans les grandes surfaces, sont très souvent commandés spécialement auprès d'un fournisseur à des tarifs supposés préférentiels. Mais comme dans le cas des soldes, des tarifs trop bas peuvent aussi réduire la qualité du produit, ce qui permet au distributeur de pratiquer la même marge que d'habitude en faisant croire à un prix cassé. En théorie, les services de la Répression des fraudes veillent. En cas de contrôle, s'ils s'aperçoivent que les marges pratiquées par le distributeur sont identiques à celles des produits hors promotion, les inspecteurs peuvent verbaliser. Mais nous l'avons vu, leurs contrôles sont largement insuffisants.

Mieux vaut donc préférer les promotions qui indiquent clairement un prix barré. Hélas, ce n'est pas une assurance tous risques. En mars 1998, le tribunal de grande instance de Paris a ainsi condamné le Bon Marché pour publicité mensongère. Les catalogues indiquaient des promotions avec des prix barrés évoquant des ristournes de 30 %, alors que les articles avaient été achetés spécialement pour l'occasion et n'avaient jamais été vendus dans le magasin. En analysant les étiquettes, les inspecteurs de la Répression des fraudes avaient même constaté que les marges liées au prix supposé initial était bien supérieures à celles pratiquées en temps normal par la profession ! En clair, les prix barrés avaient été artificiellement gonflés. La condamnation fut confirmée par la cour d'appel de Paris.

QUELQUES CONSEILS

– Si une promotion vantée sur catalogue se retrouve indisponible en magasin, exigez un produit de substitution au même prix et de qualité au moins équivalente. C'est la loi qui l'impose : *« Aucune publicité de prix ou de réduction de prix ne peut être effectuée sur des articles qui ne sont pas disponibles à la vente pendant la période à laquelle se rapporte la publicité »* (article 5 de l'arrêté 77105P du 02/09/77). Les distributeurs le savent bien, et acceptent généralement de satisfaire les clients râleurs pour ne pas faire de vague. Si cela ne suffit pas, menacez de saisir la Répression des fraudes.

– Les produits alimentaires font souvent l'objet de promotions ponctuelles du genre « une tablette de chocolat gratuite pour l'achat de deux » ou « 50 % de produit en plus ». Ne croyez pas ces chiffres sur parole. Si vous êtes pointilleux, amusez-vous à vérifier les allégations du fabricant. Vous serez parfois surpris, comme en témoignent les courriers régulièrement publiés par *Que Choisir* et *60 millions de consommateurs.* Vous verrez que le paquet « gratuit » inscrit en rouge sur l'emballage est parfois... payant.

– Pour attirer le chaland, certains petits magasins annoncent sur toute leur devanture une « liquidation totale » qui est supposée s'accompagner de « prix sacrifiés ». Ces opérations sont autorisées au cas par cas par la préfecture pour gros travaux ou avant fermeture du magasin. Mais elles attirent tellement de clients que certaines enseignes n'hésitent pas à les mettre en place sans autorisation. D'autres vont encore plus loin, en trafiquant leur dossier transmis à la préfecture pour faire croire à de gros travaux. Certaines sociétés se sont même spécialisées dans le montage de liquidations bidon pour le compte de commerçants peu scrupuleux. Evidemment, dans ces cas-là, les prix risquent d'être moins intéressants que prévu...

LES DESSOUS DES VOYAGES EN PROMO

Les promotions se mangent à toutes les sauces. Depuis quelques années, la grande mode consiste à proposer des vacances à prix cassé. Le succès fulgurant du 3615 Degriftour, service minitel créé en 1991, a mis le feu aux poudres. Aujourd'hui, on ne compte pas moins d'une centaine de codes minitel sur le créneau. Partir au prix normal serait-il devenu un signe d'impardonnable naïveté ? Ceux qui ont pris l'habitude de réserver leurs vacances au dernier moment pour profiter d'une bonne affaire le pensent peut-être. Mais ils se trompent souvent. D'abord parce que les promotions concernent la plupart du temps une série de pays très limitée : ceux dont l'infrastructure hôtelière fonctionne en surcapacité permanente, comme le Maroc ou la Tunisie, ou ceux dont les risques supposés de terrorisme refrènent les ardeurs des touristes comme la Turquie ou l'Egypte.

Ensuite parce que, depuis quelques années, les offres de dernière minute se font de plus en plus rares, surtout pendant les vacances scolaires. « *Les tours opérateurs sont en train de mettre le holà* », explique un professionnel du secteur. « *Sachant qu'ils se retrouvaient chaque année avec un nombre croissant de places d'avion et de chambres d'hôtel à brader au dernier moment — à cause de l'attentisme des consommateurs —, ils sont devenus prudents. Autrement dit, ils réservent de moins en moins à l'avance leurs propres places d'avion et d'hôtel. Du coup, ils ont moins de promos, et les vacanciers du dernier moment se retrouvent devant un choix très réduit* ».

Aujourd'hui, le faible nombre de voyages en solde réellement disponibles apparaît sans commune mesure avec la quantité d'organismes et de serveurs minitel promettant monts et merveilles aux retardataires. Résultat :

les mêmes promotions se retrouvent sur des dizaines de serveurs minitel différents. Prises d'assaut, leur durée de vie n'excède parfois pas la demi-heure ! Mais leur existence virtuelle continue tant que les responsables du serveur ne mettent pas leurs offres à jour. Le 3615 Degriftour (1,01 F à 2,23 F la minute selon les heures de consultation) renouvelle ses annonces trois fois par jour, et cela n'évite pourtant pas, aux dires même de son P-DG, l'annulation de 10 à 25 % des réservations enregistrées ! Encore ce service est-il l'un des plus sérieux, mais la plupart des codes minitel ont d'abord pour objectif de faire tourner le compteur le plus longtemps possible, souvent à 5,57 F la minute...

Des éditeurs télématiques très malins ont même créé plusieurs codes au contenu similaire (voir chapitre suivant). Dans la foulée, certains vont jusqu'à louer leurs fichiers à d'autres serveurs qui passent les mêmes annonces en changeant simplement de présentation ! Quand le candidat au départ se met à les consulter, les offres sont souvent périmées depuis longtemps.

Décrocher un voyage en promo reste possible. Mais est-ce réellement une bonne affaire ? Ici comme ailleurs, il faut se méfier des « prix barrés » indiqués sur les écrans minitel. Ils sont censés représenter les prix des catalogues pour les mêmes prestations aux mêmes endroits. Or, un prix catalogue, cela ne veut rien dire ! Le tarif d'un séjour dans un même hôtel aux mêmes dates peut varier de 20 à 30 % selon le tour opérateur (Rev vacances, Look voyages, Jet Tour...). Exemple : en mai 1997, Degriftour annonçait une promotion à 2 220 F pour un séjour d'une semaine à Djerba, en indiquant un prix public à 3 386 F. Or, le catalogue d'Etapes nouvelles proposait le même séjour aux mêmes dates à 2 790 F. La réduction réelle était donc de 20 %, et non de 34 %, comme le premier prix public indiqué pouvait le laisser croire. Au moins, Degriftour offrait-il réellement un prix plus bas. Mais d'autres serveurs proposent des prétendues promotions qui se retrouvent plus chères que sur certains catalogues... Il arrive aussi que le prix barré n'existe que sur minitel. Certains tours opérateurs fabriquent en effet artificiellement des circuits ou des séjours « en solde ». Leurs prix sont négociés directement avec des hôtels et des compagnies aériennes en surcapacité, ce qui rend impossible toute comparaison avec un catalogue. Le risque est alors de se retrouver victime de prestations médiocres, et de regretter amèrement — mais trop tard — de s'être fait prendre au piège.

QUELQUES CONSEILS

— Si vous tenez absolument à profiter du système, soyez souple : vous ne trouverez ni le pays rêvé ni les dates exactes de votre choix.

— Avant de vous ruer sur les services minitel, donnez quelques coups de fil à des agences de voyages. La consultation de leurs promotions est gratuite !

— Les serveurs minitel des réseaux d'agences de voyages (3615 NF, Look voyages...) ne sont pas non plus indispensables. Il suffit de téléphoner à une agence du même nom.

— Pour connaître la liste des serveurs minitel sur le créneau, faites le 3615 sur votre minitel, tapez la touche « guide », puis indiquez le thème « voyages en promotion ». La liste apparaît, avec les tarifs de chaque code. Au delà de 2,23 F la minute, évitez.

— De nombreux serveurs minitel vous demandent de réserver votre séjour en tapant à l'écran votre numéro de carte bancaire. Sachez que cette démarche ne vous engage en rien. Tant que vous n'avez pas donné votre accord par écrit, vous pouvez toujours faire marche arrière (voir aussi le chapitre 8 : « Des droits bien dissimulés »).

LA GRANDE INVENTION DES MAGASINS D'USINE

Comment faire des affaires sans attendre les soldes ou débusquer les promotions ? Très simple, vous dit-on : achetez dans des « magasins d'usine ». Le terme n'est pas nouveau, mais ce qu'il recouvre n'a pas évolué dans l'intérêt du consommateur. Au départ, il s'agissait de petites surfaces installées à la sortie des usines. On y vendait les surplus ou les articles ayant de légers défauts à prix d'usine, c'est à dire 50 à 60 % moins cher que le prix traditionnel. Tout se passait à peu près dans la transparence jusqu'au jour où des promoteurs immobiliers ont eu l'idée géniale de rassembler tous ces petits magasins pour en faire des sortes de grands centres commerciaux à prix discount. Pari gagné, puisque les magasins d'usine drainent aujourd'hui des centaines de milliers de personnes chaque année, au grand dam d'ailleurs des centres-villes des alentours qui voient leurs petits commerces fermer les uns après les autres.

Seul ennui, ces magasins d'usine n'ont plus rien à voir avec ceux d'antan. Ils en ont gardé l'appellation, mais pas la qualité. Leur implantation dans des régions traditionnellement industrielles, comme Troyes, Roubaix ou la région nord de Paris, peut faire illusion. Mais il ne s'agit que d'une astuce marketing destinée à « faire plus vrai », comme d'ailleurs l'aspect des bâtiments, suffisamment sommaire pour que l'on s'imagine « à l'usine ».

Le système est difficile à contrer, car les mensonges qu'il véhicule ne sont pas toujours explicites. Quand on entend le terme « magasin d'usine », on imagine des articles sortant directement de l'usine. C'est faux. Dans le meilleur des cas, il s'agit d'invendus des saisons précédentes, autrement dit de produits qui n'ont pas trouvé preneurs chez les commerçants traditionnels, même quand ils ont été soldés. Le panneau « direct usine » que l'on peut trouver chez Marques Avenue à Troyes ne veut évidemment rien dire (jusqu'à preuve du contraire, tout produit sort « directement » d'une usine !).

Ruse aussi sur les prix. On les croit logiquement à prix d'usine. Usine Center l'écrivait d'ailleurs sans ambages à l'entrée de son centre de Villacoublay jusqu'à l'an dernier. Nouvelle erreur. Si l'on s'en tient à la version officielle, les réductions sont en effet comprises entre 30 et 40 %. Or, compte tenu du coefficient multiplicateur pratiqué par la profession — en moyenne 2,3 selon une étude du Centre textile de conjoncture et d'observation économique —, un prix d'usine implique une baisse d'environ 55 %.

On pourrait s'estimer heureux si les ambiguïtés s'arrêtaient là. Mais il y a d'autres dérives plus ennuyeuses. *« Certains fabricants peu scrupuleux commandent des produits spécialement pour les magasins d'usine »*, témoigne un ancien salarié d'un grand centre. Avec la même qualité ? Impossible de le dire. Mais selon certains grossistes, les magasins d'usine constituent un débouché très pratique quand on acquiert, par malchance, un lot de tissus dont les couleurs partent, par exemple, un peu trop facilement au lavage... Les fabrications spéciales ne sont sans doute pas la règle, du moins pour l'instant. Mais la multiplication des centres — plusieurs projets sont à l'étude un peu partout en France — pose un problème évident : quoi qu'il arrive, il faudra bien approvisionner ces magasins, même si les surplus des saisons précédentes ne suffisent pas. Un impératif d'autant plus impérieux que le loyer à payer au propriétaire du centre n'est pas négligeable. Chez

McArthur Glen, centre américain installé à Troyes, toutes les enseignes doivent verser un loyer annuel de 950 F le m^2, auquel s'ajoute 8 % de leur chiffre d'affaire hors taxes. Dans ces conditions, difficile de laisser une boutique vide sous prétexte que les invendus des saisons précédentes ne sont pas assez nombreux.

Cela dit, même les vrais invendus des saisons précédentes peuvent induire en erreur ! La plupart des centres annoncent des ristournes de 30 % minimum, notamment Marques Avenue à Troyes et les deux Quais des Marques de la région parisienne (les trois centres appartiennent au même groupe). Dans les faits, les réductions de prix des invendus oscillent plutôt entre 10 et 40 %, comme a pu le constater le magazine *Que Choisir* dans son numéro de septembre 1997.

Dans certains centres, les dérives sont encore plus graves. On y retrouve parfois des produits au même prix, voire plus chers que dans le commerce traditionnel ! Dans le centre A l'Usine de Roubaix, un constat d'huissier — demandé en septembre 1998 par un commerçant mécontent — a montré que l'enseigne Camaïeu femme vendait certains articles pratiquement au même prix que dans un magasin traditionnel du centre de Lille. Exemple : 384 F au lieu de 399 F pour une veste en cuir de porc.

Dans certains centres, des fabricants annoncent aussi des ristournes canon alors que leurs articles — des matelas par exemple — ne sont vendus nulle part ailleurs ! Bref, les enjeux économiques de ces pseudo-discounters sont si grands que le consommateur passe parfois pour une « bonne poire ». D'autant qu'à côté des surplus de la distribution traditionnelle, les magasins d'usine vendent aussi des produits « second choix » qui présentent des défauts... pas toujours indiqués. A vous de poser la question au vendeur, et d'examiner le produit sous toutes les coutures avant de sortir votre carnet de chèques. Payer un tailleur d'une grande marque 30 % moins cher parce que la couleur n'est pas exactement celle qui était prévue par le fabricant peut se justifier. Mais un pantalon troué (on en voit parfois !) ne vaut rien, même si vous l'achetez moitié prix. A vous d'être vigilant... Ce n'est pas parce que vous êtes dans un magasin d'usine que votre esprit critique doit s'envoler.

QUELQUES CONSEILS

— Pour vérifier la réalité de la réduction annoncée, la seule parade consiste à bien connaître les produits et les prix de la marque qui vous intéresse.

— Si vous êtes sûrs de vous, allez-y. Mais faites d'abord vos comptes. Si vous dépensez 500 F en essence et en repas pour acheter 3 000 F d'articles 20 % moins chers, vous payez tout juste votre déplacement. *A contrario*, si, une fois sur place, vous tenez absolument à rentabiliser le voyage, vous risquez de faire de mauvaises affaires.

— Il existe encore, un peu partout en France, des petits magasins d'usine, dont le nom n'est pas galvaudé, puisqu'on les trouve juste à la sortie des usines. Leur obligation de rendement étant moins importante que dans les grands centres, vous avez sans doute plus de chances de tomber sur de vraies affaires.

LES PRIX D'« OCCASE »

Crise oblige, les consommateurs saisissent toutes les occasions de payer moins cher. L'enseigne australienne Cash Converters en a fait ses choux gras. Son concept : racheter à des particuliers ce dont ils ne veulent plus (disques, appareils électroménagers, poussettes pour enfants, jeux électroniques...) à 25 % environ de leur prix neuf, pour les revendre ensuite officiellement à 50 % de leur valeur.

En France, le groupe s'est développé à une vitesse exponentielle. En huit ans, il a installé une centaine de magasins dans tout le pays. L'objectif du groupe est à la mesure du succès rencontré : 400 à 500 magasins en France dans les deux ans qui viennent.

Hélas, les mauvaises surprises sont parfois au rendez-vous. Le prix d'abord. Officiellement, il est réduit de moitié par rapport au même produit neuf. Mais les constats réalisés par les magazines *Entrevue* (janvier 1999), *Que Choisir* (juin 1998) et *60 millions de consommateurs* (janvier 1996) montrent plutôt des réductions de 20 à 40 %. De toute façon, il est souvent impossible de comparer les prix neuf et occasion, puisque, la plupart du temps, les articles de Cash Converters ne sont plus commercialisés depuis longtemps. Cela pose, au demeurant, un problème supplémentaire de sécurité des produits. Cash Converters n'a pas les moyens de vérifier si les produits vendus sont toujours aux normes ou n'ont pas été l'objet d'un retrait du marché pour défaut de sécurité. Leur qualité

QUELQUES CONSEILS

— En cas de dysfonctionnement du produit acheté, vous pouvez réclamer son remboursement sur la base de l'article L211-1 du Code de la consommation. Il précise que le magasin est responsable d'un vice caché constaté par le consommateur après son achat (voir définition page 204)

— Si vous souhaitez vous débarrasser d'un article en le vendant chez Cash Converters, sachez que vous avez peu de chance d'en tirer un bon prix. Pourquoi ne pas essayer d'abord les petites annonces ?

peut aussi laisser à désirer, car les articles achetés aux particuliers ne font pas toujours l'objet de vérifications suffisamment sérieuses avant leur remise en vente en magasin.

Nous avons ainsi pu vendre un appareil photo 24×36 Fujica AX5, datant de 1983, alors que la vitesse d'obturation était totalement déréglée, ce qui rendait l'appareil inutilisable. Les employés de Cash Converters n'ont pas vérifié. Ils n'ont pas non plus demandé le mode d'emploi, pourtant indispensable pour ce type d'appareil ancien et très complexe. Tant pis pour les acheteurs !

PRIX D'APPEL DANS L'ASSURANCE AUTOMOBILE

Les assureurs ne sont pas les derniers à attirer le chaland avec des prix canon. C'est le cas dans l'assurance automobile, où les compagnies se livrent à une concurrence acharnée pour capter les meilleurs conducteurs. Quitte à relever ensuite les prix brutalement, au moindre accident responsable.

Pour comprendre ce phénomène pernicieux, il faut revenir au fonctionnement du système des tarifs de l'assurance automobile en France. Officiellement, tout est transparent. Chaque conducteur se voit appliquer un coefficient de « bonus-malus » qui dépend du nombre de ses accidents responsables. En théorie, sa cotisation est directement proportionnelle à ce coefficient. S'il est égal à 1, l'assuré paie le tarif de base, ni plus ni moins. S'il est égal à 0,50 — le plus bas possible, acquis au bout de treize ans sans accident responsable —, il bénéficie théoriquement d'un tarif réduit de moitié. Enfin, dans le pire des cas, son coefficient maximal peut atteindre 3,50, ce qui représente le tarif de base multiplié par 3,5 ! Mais en pratique, l'assureur aura résilié votre contrat bien avant (il en a, hélas, le droit).

Le tarif de l'assuré est réévalué chaque année en fonction de sa bonne ou mauvaise conduite. S'il n'a aucun accident responsable, son tarif diminue de 5 % par an. Dans le cas contraire, sa cotisation augmente de 25 % pour chaque sinistre responsable.

Voilà pour la théorie. En réalité, de nombreux assureurs prennent quelques libertés avec ces beaux principes. Il faut se méfier de leurs tarifs apparemment imbattables, souvent mis en avant dans leurs documents publicitaires. Ces prix s'appliquent aux meilleurs conducteurs, ceux qui ont un coefficient de 0,50 (environ six assurés sur dix). Problème : au moindre accident responsable, la cotisation augmente beaucoup plus vite que les 25 % prévus. Certains assureurs appliquent en effet 60 %, 70 %, voire 80 % de hausse ! Explication : ils considèrent qu'au-delà d'un certain nombre d'accidents (parfois un seul), votre risque statistique d'en avoir de nouveaux augmente. Vous changez donc de catégorie (de « segment » disent les professionnels), et votre prime de référence augmente en conséquence. En clair, on attire les bons conducteurs avec des prix alléchants, mais s'ils deviennent trop mauvais, on leur impose une évolution tarifaire beaucoup plus lourde que la normale ! On est décidément bien loin de la transparence tarifaire qui a présidé à l'instauration du système de « bonus-malus » en 1976. L'objectif était alors de permettre aux consommateurs de comparer les offres des compagnies d'assurance, en sachant que l'évolution de leurs tarifs serait identique. Evidemment, ces hausses intempestives ne sont jamais indiquées clairement au moment de la signature du contrat. Dans le meilleur des cas, les conditions générales prévoient *« des majorations pour circonstances aggravantes* ». Ou bien les conditions particulières ajoutent, comme à la Maaf, que l'assuré « *bénéficie du tarif Lauréat réservé aux bons conducteurs titulaires d'un bonus maximal* ». Allez comprendre ce qui se cache derrière...

Aujourd'hui, le système du « bonus-malus » est menacé par la Commission européenne, qui y voit une entrave à la libre concurrence tarifaire. Le système risque donc d'imploser prochainement. Mais, dans les faits, il a déjà implosé depuis longtemps...

QUELQUES CONSEILS

— Vous êtes attiré par un tarif préférentiel d'un assureur ? Attention, il faut d'abord savoir s'il respectera scrupuleusement l'esprit du « bonus-malus ». Autrement dit, s'il ne vous « matraquera » pas au moindre accident responsable. Inutile de le demander au vendeur en agence. Il vous dira ce qu'il veut bien vous dire (à supposer d'ailleurs qu'il soit lui-même au courant des subtilités de sa propre compagnie, ce qui n'est pas toujours le cas). Mieux vaut procéder autrement. Demandez deux devis : le premier avec un coefficient de bonus-malus de 0,50 (le meilleur), le second avec un coefficient de 1. Si le principe est respecté, le deuxième tarif doit être deux fois plus élevé que le premier, pas davantage. Sinon, cela signifie qu'en cas d'accident responsable, la hausse de tarif sera plus importante que les 25 % auxquels vous pourriez vous attendre.

— Sachez qu'aucun assureur ne peut vous refuser ces devis (art L 112-2 du Code des assurances).

— Quelques compagnies respectent scrupuleusement le principe du « bonus-malus ». On compte parmi elles Direct Assurance, la Maïf et la Macif.

Chapitre 2

Ces services que l'on vous surfacture

Aux yeux de certaines entreprises, le consommateur est une parfaite vache à lait. Facturer produits et services au prix fort, si possible discrètement, est devenu le nouveau mot d'ordre. Rien de tout cela ne tiendrait, bien sûr, sans une certaine opacité. Un client ignorant est un client qui paie.

LE MINITEL N'EST PAS TOUJOURS ROSE

Non, le minitel n'est pas mort. Pas encore. Avec un chiffre d'affaires annuel de quinze milliards de francs, les 3615 et autres 3617 sont loin d'avoir été distancés par Internet (selon les derniers chiffres, 4 % seulement des particuliers sont abonnés à Internet).

Depuis l'invention du minitel en 1982, les services dits « télétel » se sont multipliés, et pas toujours dans l'intérêt des consommateurs. Les tarifs, d'abord, demeurent obscurs. Ils ne sont pas toujours indiqués dans les publicités, notamment dans les journaux gratuits. Or, les services en 3615 peuvent aussi bien coûter 0,37 F la minute que 2,23 F la minute. Pour les 3617, la fourchette va de 37 centimes à 5,57 F ! Evidemment, le tarif minimum est assez rarement proposé... Dans cette affaire, tout le monde est gagnant. Le fournisseur du service, d'abord. Il touche entre 50 et 70 % du coût payé par l'utilisateur. France Telecom, ensuite, qui garde le reste, moins la TVA reversée à l'Etat. Les éditeurs se sont engouffrés dans la brèche. Et les dérives ne manquent pas. La plus grossière consiste à proposer des CD, des places de cinéma, ou des cassettes vidéo « gratuits » par le biais du minitel. Leur astuce : faire tourner le compteur suffisamment longtemps pour se rémunérer. *« Pour recevoir gratuitement chez vous, en 48 heures maxi par la poste, la compil de votre choix, composez sur le minitel le 3617 Mégacompil »*, publiaient en 1998 plusieurs journaux gratuits. Avec une petite omission : le temps nécessaire à l'obtention du « cadeau » dépassait les douze minutes. A 5,57 F la minute, le coût total atteignait près de 70 francs. Une conception un peu particulière de la gratuité, que le tribunal de grande instance de Paris a condamnée en octobre 1998. Mais d'autres éditeurs courent toujours.

Les ruses peuvent s'avérer beaucoup plus subtiles. Dans les secteurs les plus variés (annonces immobilières, crédit par minitel, vacances en promotion...), on trouve ainsi des services au contenu strictement identique sous des dizaines de noms différents. *« Certains éditeurs tentent de multiplier les connexions en créant plusieurs codes avec la même matière première,* explique un responsable de France Telecom. *Parfois, il leur arrive même de faire de la publicité sous plusieurs noms de service différents dans le même journal ! »* L'éditeur peut aussi revendre son fichier d'annonces à d'autres « confrères » qui font un service similaire, en changeant simplement de présentation. La « bonne poire » est celui qui se connecte à plusieurs reprises sur des serveurs apparemment distincts sans se rendre compte de la supercherie. France Telecom est au courant du procédé depuis longtemps. Mais l'entreprise se dédouane en indiquant le nom de ces doublons sur son service guide (voir nos conseils plus bas). C'est évidemment plus facile que d'en interdire la pratique...On apprend ainsi que les annonces immobilières du 3615 a1Logis se retrouvent sur le 3615 Abcappart, Abcbail, Adress ou Bonaffair... Les tarifs sont d'ailleurs parfois différents. Dans un autre domaine, le 3617 Recrut (offres d'emploi) coûte 2,23 F la minute, mais le 3615 Accueiljob, qui utilise le même fichier, est facturé 1,01 F la minute.

Les espoirs de gains liés au minitel sont tellement mirifiques que certains éditeurs ont décidé de gagner de l'argent en multipliant à l'infini le nom de leurs serveurs. Ce sont des services dits « multicodes ». Exemple : le 3617 SOS gîte propose des annonces immobilières à 5,57 F la minute. Mais pour accéder au service, il faut entrer un second code (Logeplus, Location, Onloue, Logezvous...). Au total, il existe 112 sous-codes différents, qui aboutissent tous aux mêmes annonces et qui peuvent représenter autant de risques de confusion dans l'esprit de l'utilisateur distrait. L'éditeur, lui, a tout à y gagner : il loue chaque sous-code à un « partenaire », rémunéré en fonction du nombre d'heures de connexion qu'il réussit à initier grâce à la publicité. Si lui-même parvient à recruter d'autres « partenaires », il touche un pourcentage supplémentaire sur les connexions des nouvelles recrues. Voilà comment un seul et même serveur peut drainer des dizaines, voire des centaines de codes différents. Avec un objectif évident : faire tourner le compteur le plus longtemps possible. Le principe fonctionne aussi avec les numéros commençant par 08-36-27 (toujours facturés 5,57 F la minute). Dans les deux cas, il s'appuie sur les généreux reversements de France Telecom à l'éditeur (environ 70 % de la somme facturée à l'utilisateur) qui permettent de rémunérer tous les intermédiaires.

Dernier risque de confusion : le « reroutage ». Exemple : le 3615 RFM propose une rubrique « voyages dégriffés » qui renvoie sans le dire sur le 3615 Degriftour. Celui qui a déjà consulté Degriftour paiera donc deux fois pour rien. Ce principe du reroutage a un autre effet pervers. Le prix peut changer en cours de consultation sans crier gare ! La rubrique voyages du 3615 Cartejeune renvoie elle aussi sur Degriftour, cette fois en le disant, mais elle passe dis-

QUELQUES CONSEILS

— Pour connaître la liste des serveurs minitel existant dans le domaine qui vous intéresse, faites le 3615 puis tapez sur la touche « guide ». Entrez le thème. Les codes sont classés par ordre de prix croissant et par ordre alphabétique. Certains doublons sont indiqués au fur et à mesure. Le service est facturé 19 centimes la minute.

— Quelques services pratiquent le demi-tarif le soir (de 19 heures à 8 heures) et le week-end à partir du samedi midi. Ils sont classés par rubrique sur le 3615 Modulo mis en place par France Telecom (19 centimes la minute).

— Pour connaître en permanence le prix à payer pendant la consultation d'un service minitel, entrez le code qui vous intéresse, puis tapez sur la touche « sommaire » avant la touche « envoi ».

— Si vous consultez un service minitel que vous jugez douteux, et que vous voulez vous plaindre, sachez que le nom de l'éditeur doit toujours être accessible à partir de la page de garde. Il suffit normalement de taper sur les touches « guide » ou « retour ».

crètement de 1,29 F à 2,23 F la minute (montant de la connexion entre 11 heures et 15 heures du lundi au vendredi). En théorie, le nouveau tarif devrait être indiqué clairement à l'utilisateur, une obligation qui figure en toutes lettres dans le contrat télétel signé avec France Telecom. Le prix est effectivement visible en haut à gauche de l'écran... pendant deux secondes. Réflexe !

DES NUMÉROS TRÈS SPÉCIAUX

Le téléphone constitue un autre bon moyen de taxer le client. Les numéros spéciaux (commençant par 08-36) font un tabac. Leur « spécialité » consiste surtout à facturer les communications trois à vingt-cinq fois plus cher que la normale. Ce procédé magique a un nom : audiotel. Et un prix : souvent 2,23 F la minute (voir ci-dessous). De quoi attirer du monde parmi les professionnels de l'argent facile.

Aujourd'hui, on ne compte pas moins de 6 000 services audiotel qui génèrent, dans tous les domaines, un chiffre d'affaires de près de 3 milliards de francs. Pas seulement les messageries roses qui commissionnent les « hôtesses » à la durée de conversation, les pères Noël enregistrés qui parlent aux enfants, les jeux de hasard bidon ou l'astrologie par téléphone.

Le filon est tellement juteux qu'il a, depuis longtemps, largement dépassé ce cercle. Les banques, et même les services publics s'y mettent. Vous souhaitez consulter vos comptes ou obtenir un renseignement ? On vous renvoie désormais presque toujours sur un numéro audiotel. Exemple : le Crédit Lyonnais propose « Crédit Lyonnais à l'écoute », dont le numéro à 2,23 F la minute est indiqué sur les relevés de compte envoyés aux clients... mais pas le prix. Au bout du fil, un conseiller répondra à vos questions, mais il en profitera aussi pour vous vanter les dernières nouveautés de la banque. A vos frais, bien sûr, car pendant ce temps, le compteur tourne ! Pour se dédouaner, les banques indiquent souvent sur leurs dépliants tarifaires que les 2,23 F la minute sont *« facturés par France Telecom »*, en oubliant de signaler qu'un bonne partie des sommes leur est reversée.

La SNCF n'est pas en reste. Depuis 1996, la société de transport oblige ses clients à réserver leurs billets par minitel à 1,01 F la minute, ou par audiotel sur le 08-36-35-35-35 à 2,23 F la minute. Il s'agit d'une surtaxe déguisée sur les billets de transport, puisque rares sont ceux qui se déplacent dans une gare pour réserver. La SNCF a bien fait les choses : le serveur est un passage obligé pour connaître les horaires des trains. Cerise sur le gâteau : quand la ligne est saturée — souvent pendant les départs ou les retours de vacances — le client en arrive à payer pour attendre qu'on daigne le renseigner ! Même chose chez certains services d'assistance micro-informatique, les fameuses *hotlines* mises en place par les distributeurs pour aider leurs généreux clients. Malheur à ceux qui se retrouvent avec un problème d'installation d'ordinateur. L'attente peut facilement durer vingt minutes, soit 45 F envolés. Comme si cela ne suffisait pas, préfectures et services publics commencent eux aussi à copier la méthode pour donner des renseignements théoriquement gratuits. Derniers exemples en date : la Direction générale des impôts qui aide les contribuables à remplir leur déclaration de revenus... moyennant 1,49 F la minute. Ou certaines Assédic (notamment dans le Val-de-Marne) qui renseignent les chômeurs moyennant 74 c par minute, soit trois fois plus que le tarif local.

QUELQUES CONSEILS

— Vous pouvez bloquer votre téléphone vers les numéros audiotel. Demandez-le à votre agence. Le service est gratuit, et permet d'éviter les factures trop lourdes dues à l'utilisation intempestive du combiné par les enfants. Le blocage peut être annulé ponctuellement en tapant un code secret.

— Les tarifs des numéros audiotel varient en fonction des six premiers chiffres, comme l'indique ce tableau :

Préfixe	prix TTC
08 36 64	0,74 F la minute
08 36 65 et 66	3,71 F l'appel
08 36 67	1,49 F la minute
08 36 68 et 69	2,23 F la minute
08 36 70	8,91 F l'appel + 2,23 F la minute

— Si vous avez à vous plaindre d'un serveur minitel ou audiotel, adressez un courrier au Conseil supérieur de la Télématique (CST). 20, avenue de Ségur. 75354 Paris Cedex SP (secteur postal). Il pourra prendre des sanctions contre le fournisseur de service par le biais du Comité de la télématique anonyme, émanation du CST, qui se réunit une fois par mois.

— Outre les numéros audiotel, méfiez-vous aussi des numéros indigo. Ils commencent par 08-02 ou 08-03 et sont facturés 79 centimes la minute, soit plus de trois fois plus cher qu'une communication locale. La BNP et certaines succursales du Crédit Mutuel ont récemment transformé les numéros de leurs agences en numéros indigo. Mais vous pouvez continuer à appeler votre conseiller en lui demandant sa ligne directe.

— Pas de problème en revanche pour les numéros verts qui commencent par 08-00 (ils sont gratuits), ni pour les numéros Azur, qui commencent par 08-01 (facturés au prix d'une communication locale, soit 74 centimes les trois premières minutes, puis 28 centimes la minute).

Les professionnels ne manquent pas d'imagination. Dernièrement, on a vu la chaîne de fast food Quick proposer à ses clients un numéro audiotel à 2,23 F la minute afin d'écouter leurs remarques et leurs suggestions ! Comme pour le minitel, les fournisseurs d'accès touchent 20 % à 70 % des sommes. France Telecom empoche le reste, ce qui lui donne un intérêt objectif à la multiplication de ces services. En théorie, les tarifs devraient toujours être indiqués sur les publicités. On en est loin. Selon une enquête de l'association de consommateurs Adéic-Fen, publiée en septembre 1998 et portant sur 150 numéros audiotel, l'information sur le coût est camouflée dans 66 % des cas, souvent à cause de caractères trop petits ou d'une inscription illisible sur le côté.

Quant à l'obligation de pouvoir accéder au nom du directeur de publication, et au siège social de l'entreprise en tapant sur une touche du téléphone, elle est « oubliée » dans la moitié des cas. Résultat, quand un utilisateur est mécontent, il se retrouve dans l'impossibilité de se plaindre. Malin.

LA FACTURE DES PORTABLES

Les premières victimes du téléphone portable sont ceux... qui n'en ont pas. France Telecom a beau répéter que le prix du téléphone est en baisse constante, c'est oublier qu'appeler un téléphone portable coûte 2,38 F la minute, contre 28 centimes pour une communication locale. Il faut dire que l'opérateur n'a rien fait pour que cela se sache. Il aurait été pourtant simple de diffuser systématiquement un message enregistré pour annoncer le prix d'une connexion vers un portable. Mais les appels auraient alors été sans doute moins nombreux... et les rentrées d'argent moins importantes.

A 2,38 F la minute, appeler un téléphone mobile coûte aujourd'hui plus cher qu'une communication vers les Etats-Unis ! Encore ce tarif a-t-il baissé tout récemment [1] en raison des protestations des utilisateurs qui payaient jusqu'alors 2,97 F, le prix le plus élevé d'Europe. Ils n'ont obtenu qu'une baisse de 20 %.

2,38 F reste d'autant plus cher que la première minute indivisible est facturée même si la conversation ne dure que quelques secondes. Autrement dit, c'est le prix à payer pour tomber sur le répondeur de votre correspondant, donc d'échouer dans la tentative de le joindre, même si vous décidez de ne pas lui laisser de message. L'heure de l'appel importe peu, car les heures creuses qui débutent le soir à partir de 21 h 30 (tard !) et le week-end à partir du samedi après-midi, n'offrent une réduction de 50 % qu'au-delà de la première minute.

Bouygues nous réserve une petite surprise supplémentaire. Ceux qui appellent les téléphones Nomad (qui fonctionnent avec une carte prépayée) paient actuellement 2,97 F les quarante-cinq premières secondes (soit l'équivalent de 3,96 F la minute !), puis 3,80 F les minutes suivantes. Une information très discrète, qui ne figurait même pas sur le dossier de presse de lancement de l'offre. Visiblement, les opérateurs font à peu près ce qu'ils veulent en matière de tarification. Et tant pis pour la transparence. Seul moyen d'éviter les Nomad : leurs numéros commencent par 06 68 au lieu de 06 60 ou 06 61 pour les numéros Bouygues classiques.

1. Depuis juillet dernier, Itinéris est déjà à 2,38 F, Bouygues et SFR devraient s'aligner en septembre ou octobre 1999.

Au final, près d'un tiers du chiffre d'affaire des opérateurs de téléphone mobile provient des appels passés d'un téléphone fixe par ceux qui n'ont pas de portable...

On comprend mieux pourquoi Bouygues, SFR et Itinéris se sont toujours mis d'accord sur le prix des appels fixe-mobile. Et tant pis pour ceux qui croyaient que la France vivait dans une économie concurrentielle censée profiter aux consommateurs...

Les abonnés au téléphone mobile ne sont pas beaucoup mieux lotis. Pour eux aussi, la première minute d'appel est indivisible. Un forfait d'une heure par mois ne signifie pas que l'on peut téléphoner pendant soixante minutes ! Si vous êtes rapide, et que vous vous contentez de donner un coup de fil pendant quelques secondes pour que l'on vienne vous chercher à la gare, vous aurez droit à soixante appels, même si, au total, vous n'avez utilisé que vingt ou trente minutes de communication réelle. La nuance est de taille. De même, si vous êtes coupé en plein milieu d'une conversation, comme cela arrive souvent aux « heures de pointe », vous aurez quand même à payer la communication. Le monde des téléphones mobiles est un peu particulier...

Au-delà de cette première minute indivisible, les appels sont calculés à la seconde près... mais seulement chez SFR. Chez Itineris et Bouygues, les unités tombent toutes les 15 secondes. Un appel d'une minute et trois secondes sera donc facturé une minute et quinze secondes. Au final, c'est plusieurs minutes qui disparaissent du forfait mensuel, sans même que l'utilisateur s'en rende compte. Au contraire, s'il se fie au compteur de son téléphone, qui comptabilise les durées à la seconde près, il risque de dépasser son forfait sans le savoir. Et les dépassements sont souvent facturés au prix fort.

D'autres filons existent pour faire payer les abonnés. Certains numéros sont ainsi surfacturés. C'est le cas des numéros verts, pourtant supposés gratuits. Ils le sont effectivement pour les appels passés à partir d'un poste fixe, mais pas d'un portable. Ils coûtent 2,50 F chez Itineris, 2,40 F chez SFR, et 2 F chez Bouygues, et en plus, ils sont décomptés du forfait ! Les opérateurs se sont d'ailleurs spécialisés dans la création de numéros spéciaux permettant d'obtenir la météo, les dernières nouvelles, les programmes de cinéma, les taxis, etc. Leur imagination sans borne est largement récompensée, puisque ces numéros sont facturés entre 2 F et 6 F par appel.

QUELQUES CONSEILS

— Si vous appelez souvent d'un téléphone fixe vers des téléphones mobiles, vous avez peut-être intérêt à passer par une société privée concurrente de France Telecom. Certaines d'entre elles proposent en effet 30 % à 50 % de réduction sur les appels vers les mobiles en heure pleine. De plus, la première minute n'est pas facturée en bloc. Exemple : First Telecom (0801-37-66-66) : 1,48 F la minute quel que soit le type de mobile, ou AXS Telecom (0800-906-650) : 1,39 F la minute. Vous pouvez demander la liste de tous les opérateurs à l'ART (Autorité de Régulation des Télécommunications) au 01 40 47 70 00. Adresse : 7, square Max-Hymans. 75015 Paris.

— Si vous appelez d'un téléphone mobile vers un autre téléphone fixe ou mobile (et seulement dans ce cas), voici une information que les opérateurs ne vous donneront pas : ils vous accordent une franchise de trois secondes. Si vous raccrochez avant (par exemple si vous tombez sur un répondeur et que vous ne souhaitez pas laisser de message), la communication est considérée comme nulle et vous n'êtes pas facturé.

DES INTERMÉDIAIRES QUI NE DISENT PAS LEUR NOM

Pour limiter les surcoûts des portables, une règle s'impose : signer le contrat directement avec l'opérateur. Première hypothèse, vous prenez un abonnement Bouygues Telecom ou Ola (Itineris). Dans ce cas, la question ne se pose pas : vous souscrivez forcément un abonnement en direct. Dans les autres cas, méfiance. Très souvent, vous signez sans le savoir avec une société intermédiaire, appelée SCS, Société de Commercialisation de Service, qui gère les clients au nom des opérateurs Itineris et SFR. Problème : elles ont une fâcheuse tendance à surfacturer des éléments subsidiaires. En décembre 1998, *Que Choisir* donnait quelques exemples de surfacturations qui avaient cours l'an dernier. Chez Carrefour, par exemple, où les clients signent avec la SCS de l'enseigne (qui porte le même nom), le refus de prélèvement automatique coûtait 300 F par an, au lieu de 120 F en direct chez SFR et... 0 F chez Itineris. Ce même refus coûtait 240 F par an chez Hypermédia ou Vidélec (par l'intermédiaire de la société Débitel). Dans certains centres Leclerc, la société Vodaphone faisait payer la facturation détaillée 434 F par an (au lieu de 180 F chez Itineris et SFR). Enfin, chez Norauto et Gitem, CMC facturait des frais de déconnexion de 420 F au moment de la résiliation de l'abonnement ! Et on pourrait multiplier les exemples. Certains tarifs ont peut-être été modifiés depuis, mais une chose est sûre : ces sociétés intermédiaires doivent bien gagner de l'argent quelque part. Et les clients en font souvent les frais. Au total, le surcoût peut atteindre jusqu'à 1 000 F par an ! De surcroît, les témoignages sur une saturation des services clients ou des erreurs de facturation sont suffisamment nombreux pour inquiéter.

Tout cela se fait souvent dans la plus grande opacité. Quand un client décide de souscrire un abonnement Itineris ou SFR, il pense logiquement signer le contrat avec l'opérateur. Mieux vaut ne pas compter sur le vendeur pour signaler qu'il passe en réalité par une société intermédiaire !

Comble de l'opacité, France Telecom a créé sa propre SCS, qu'elle a ensuite imposée à presque toutes les enseignes. Elle porte le nom de France Telecom Mobile Service (FTMS), et il ne faut surtout pas la confondre avec l'opérateur France Telecom Mobile (FTM) ! Le service est différent, et certains tarifs le sont aussi (généralement en défaveur du client). De plus, FTMS impose quatre mois de préavis minimum avant la résiliation d'un contrat, contre un mois chez France Telecom Mobile. Pour échapper à ces inconvénients, nous l'avons dit, mieux vaut donc souscrire son contrat en direct. Pour Itineris, la solution consiste à prendre son abonnement dans une agence France Telecom ou chez Darty, le seul distributeur ayant réussi à traiter en direct avec France Telecom. Pour SFR, le choix est plus large, et comprend notamment les enseignes à l'appellation « espace SFR » (exemple : Point Telecom), mais aussi la Fnac, Phone House, Auchan, ou Conforama.

Pour se défendre, les SCS expliquent qu'elles ont aidé à développer le marché. Ce n'est pas faux. C'est d'ailleurs pour cela que SFR et Itineris ont fait appel à elles lors du lancement du téléphone mobile en France. Elles affirment aussi offrir des services spécifiques. La plupart d'entre elles permettent en effet à leurs clients de passer de SFR à Itineris en cours d'abonnement, ou *vice versa*. Une possibilité très utile pour ceux qui s'aperçoivent (trop tard) que leur téléphone ne capte aucun signal dans telle ou telle zone importante pour eux. Mais attention, ce transfert se paie assez cher (en général 200 à 400 F) alors qu'il est gratuit dans certains magasins. Chez Phone House par exemple (qui traite en direct avec SFR et passe par FTMS pour Itineris), les clients peuvent changer gratuitement de réseau s'ils s'aperçoivent d'un problème de couverture dans les quatorze jours qui suivent leur achat.

QUELQUES CONSEILS

— Certains vendeurs affirment à tort traiter en direct avec les opérateurs. Si vous avez un doute au moment de la souscription du contrat, seul le nom de la société indiquée en haut du document vous dira si vous signez ou non avec une SCS.

— Si vous avez déjà signé avec une SCS, attendez la date anniversaire du contrat pour résilier. N'oubliez pas de le faire en tenant compte du préavis indiqué sur le contrat et en envoyant votre courrier en recommandé avec accusé de réception.

— Les cartes pré-payées (Entrée libre, Mobicarte, Nomad) ne sont pas concernées par le problème des SCS, puisqu'elles sont, par nature, sans facture ni abonnement. Mais attention : le coût à la minute de ces cartes est souvent rédhibitoire. A moins de téléphoner très peu, il vaut mieux souscrire un abonnement d'une heure ou d'une demi-heure auprès de l'opérateur.

LES ASTUCES DES BANQUIERS

En matière de surcoûts imposés discrètement aux clients, les banquiers en connaissent un rayon. Les prix des services bancaires augmentent chaque année beaucoup plus vite que l'inflation. Depuis 1986, leur hausse moyenne s'établit, selon l'Institut national de la Consommation, à 6,1 % par an, contre 2,3 % pour l'ensemble des prix à la consommation (indice INSEE). Le prix d'une opposition sur une carte bancaire est passé de 24 F à 87 F en moyenne. Celui d'une carte bancaire internationale a bondi de 135 F à 243 F. Pire : un rejet de chèque pour défaut d'approvisionnement coûte aujourd'hui 485 F contre 97 F il y a treize ans ! Tant pis pour les populations les plus fragiles qui ont du mal à terminer leur mois. Un simple chèque refusé de 50 F peut leur coûter jusqu'à dix fois plus...

De surcroît, les banques ont de plus en plus souvent tendance à inventer de nouveaux frais : des services jusque-là gratuits deviennent subitement payants. Cette stratégie a fait la preuve de son efficacité (rares sont les particuliers qui protestent), mais elle est illégale. A moins d'obtenir l'accord explicite du client, les banques n'ont pas le droit de rendre payant un service gratuit. Les tribunaux l'ont rappelé à plusieurs reprises. Dernier exemple en date : en septembre 1998, le tribunal d'instance de Mortagne-au-Perche (61) a condamné la Caisse d'Epargne de Basse-Normandie pour avoir, en 1994, prélevé des droits de garde sur les Sicav alors que ces frais, jusqu'alors, n'existaient pas. L'une des clientes, qui détenait des Sicav depuis 1991, s'en est plaint devant les juges, et a donc obtenu gain de cause. La Caisse d'Epargne a été condamnée à rembourser les sommes indûment perçues. Dans sa décision, le tribunal s'appuie sur l'article 122.3 du Code de la consommation : « *Tout professionnel vendeur de biens ou prestataire de services qui aura indûment perçu d'un consommateur un paiement sans engagement express et préalable de ce dernier est tenu de restituer les sommes ainsi versées.* »

Pour faire entrer l'argent dans les caisses, les banques ne se contentent pas de la méthode brutale. Elles utilisent aussi des moyens plus subtils. Les rôles sont bien répartis : les services marketing imaginent de nouveaux produits (en général assez chers), et les services communication... les font passer pour indispensables. Depuis quelque temps, la nouvelle mode consiste à proposer des relevés de compte *« plus clairs et plus lisibles »*. Les opérations y sont séparées par catégorie : chèques, cartes, virements, etc. Ce lifting ne coûte rien à la banque (sinon le prix d'un logiciel très simple), mais il est facturé 7 à 20 F par mois. Il fallait y penser.

Les banques se sont ainsi spécialisées dans un sport amusant : facturer au prix fort de simples manipulations informatiques. La BNP, par exemple, a inventé la carte Amplio, une carte bancaire internationale qui coûte deux fois plus cher qu'une carte Visa classique. Avantage principal : le plafond de retrait dans les distributeurs automatiques passe de 3 000 F à 5 000 F par semaine. Le client qui se laisse convaincre paie 400 F par an au lieu de 200 pour une carte normale. Cher pour une opération bancaire qui se limite à enregistrer une nouvelle donnée dans l'ordinateur, ce qui représente au maximum quelques minutes de travail. Pour rendre la pilule moins amère, le service marketing de la BNP a mis en place un numéro téléphonique offrant aux clients détenteurs de la carte Amplio des *« conseils judicieux pour choisir vos biens d'équipement »*. Malin.

Pour compléter le tableau, les banques tentent de vendre à tour de bras des cartes adossées à des crédits permanents qui coûtent, *grosso modo*, deux fois plus cher que des crédits classiques (voir plus loin page 47 sur les cartes de magasins). Carte Provisio à la BNP, Alterna à la Société Générale, Champ libre à la Bred, Crédilion au Crédit Lyonnais, Préférence au Crédit Mutuel... Toutes ces nouveautés ressemblent à s'y méprendre à des cartes bancaires classiques. Sauf que leur utilisation enclenche immédiatement le compteur à agios : 10 à 15 % au lieu de 6 à 11 % pour un crédit classique. Peu importe, ces cartes sont tellement *« pratiques »*, *« simples »*, *« souples »* , elles offrent tellement de *« liberté »* et de *« discrétion »* qu'il est bien difficile de résister à l'insistance d'un bon conseiller financier.

On ne serait pas complet si on oubliait d'évoquer les fameuses offres groupées des banques. Ces « packages », comme disent les services marketing, consistent à faire souscrire au client toutes sortes de produits auxquels il n'aurait pas pensé tout seul, en lui promettant, au final, de grosses économies. Et ça marche ! Assurance décès, assurance vol, abonnement à prix préférentiels aux services de banque à distance, gratuité des frais d'oppposition : les banques ne manquent pas d'imagination pour enrichir leurs offres groupées... et pour s'enrichir elles-mêmes. Car les clients ainsi poussés à la consommation souscrivent des produits dont ils n'ont même pas entendu parler et qu'ils n'utiliseront peut-être jamais ! Ces packages, appelés aussi conventions de compte (Contrat Présence à la BNP, Compte service au Crédit Agricole, Convention facilité au Crédit Lyonnais, Convention Piano à la Société Générale), ont un avantage subsidiaire loin d'être négligeable : celui de fidéliser le client. En langage marketing, cela signifie le ligoter par tous les moyens pour éviter qu'il ne quitte sa banque, au cas où cette malencontreuse idée lui viendrait. Voilà pourquoi votre banquier vous a forcément déjà proposé cette offre groupée *« tellement avantageuse pour vous »*. Quand la persuasion commerciale ne suffit pas, certains agences ont d'ailleurs un argument plus convaincant : les nouveaux clients qui désirent une autorisation de découvert doivent obligatoirement souscrire une offre groupée. Une pratique qui tombe pourtant sous le coup de la « vente liée » (voir annexe page 203).

QUELQUES CONSEILS

— Faites jouer la concurrence. Les banquiers imposent d'autant plus facilement de nouvelles facturations que les clients comparent rarement le coût des services bancaires. Dommage, car les sommes économisées d'une banque à l'autre peuvent être importantes. Un seul exemple : le prix d'une carte bancaire nationale va de 165 F à la Poste à 210 F à la BNP ou à la Société Générale.

— Le Crédit Mutuel et la Poste sont les seuls établissements financiers à échapper — du moins pour l'instant — à la frénésie des offres groupées plus ou moins imposées aux clients. Ce sont aussi deux établissements aux tarifs globalement peu élevés.

— Pour vendre leurs offres groupées, certaines banques ont trouvé une nouvelle astuce : promettre des réductions ou des cadeaux en fonction de l'utilisation qui est faite de leurs services. Hélas, ces cadeaux sont souvent dérisoires. Avant de vous laisser convaincre, faites vos comptes.

— Si vous partez à l'étranger, évitez d'acheter des devises dans votre agence bancaire. Préférez les petits bureaux de change situés dans les zone touristiques. D'abord parce qu'ils n'ont pas le droit de prendre de commission (contrairement aux banques qui ne s'en privent pas). Ensuite parce que leur taux de change est tout à fait compétitif et qu'au-delà d'un certain montant (environ 5 000 F), il est très facile de négocier un taux encore plus intéressant. Encore faut-il le savoir.

Attention enfin aux services de banque à distance, dont les codes minitel ou audiotel à 2,23 F la minute (voir plus haut) arrondissent habilement les comptes d'exploitation des établissements financiers. En plus du coût téléphonique, le client doit en effet souvent s'acquitter d'un abonnement mensuel. Ou comment payer deux fois le même service.

LA FACE CACHÉE DES CARTES DE MAGASINS

Elles sont belles, mes cartes ! Venez profiter des avantages qu'elles vous procurent : paiement en trois fois sans frais, réductions de 10, 20 % ou 30 %, passage à des caisses réservées...

Les grands magasins, les enseignes spécialisées et les hypermarchés proposent tous désormais des cartes privatives. Présentées comme des cartes de fidélité (Printemps, Galeries Lafayette, Carrefour, Auchan, Interdiscount...), elles attirent le client à coup de promotions. Mais celui qui souscrit sait rarement qu'il signe en réalité une offre de crédit permanent à un taux d'intérêt très élevé : 13 à 17 % (contre 6 à 11 % pour des crédits classiques). Il ne l'apprend qu'au moment où il reçoit sa première mensualité à payer. Le principe est particulièrement pervers : le crédit s'enclenche dès que le client utilise sa carte. Ses remboursements servent alors à reconstituer sa réserve d'argent disponible. D'où l'expression de crédit permanent ou crédit renouvelable (en anglais *revolving*). De surcroît, les établissements font durer le plaisir en proposant d'emblée au client des mensualités très douces, ce qui rallonge d'autant la durée, et donc le coût du crédit. Il faudra près de deux ans à un client pour rembourser une chaîne hi-fi de 8 000 F au rythme de 250 F par mois et au taux annuel de 16 %. Coût total : 10 500 F. Voilà ce qui se cache derrière les arguments du genre « remboursez en toute tranquillité, sans déséquilibrer votre budget ». Si le même client avait souscrit un crédit classique d'un an, au taux de 8 %, il aurait payé 695 F par mois, mais sa chaîne hi-fi ne lui aurait coûté que 8 350 F. Soit 2 150 F de différence. Hélas, ce coût total, qui doit obligatoirement apparaître sur l'offre d'un crédit classique, bénéficie miraculeusement d'une « dispense » légale pour les crédits permanents. Résultat : à moins d'être un spécialiste financier, aucun client ne peut savoir combien lui coûte réellement sa carte magique. D'autant qu'il arrive fréquemment que le taux d'intérêt augmente au fur et à mesure que la somme à rembourser diminue ! Pour un achat de 15 000 F, le taux s'établit par exemple à 15 %. Lorsque le capital à rembourser tombe en dessous de 10 000 F, le taux passe alors discrètement à 17 %. Certains établissements poussent le vice un peu plus loin, puisque dans le même temps, les mensualités proposées diminuent automatiquement. Un moyen astucieux de faire durer le plaisir sur le dos du détenteur de la carte.

Tous ces mécanismes restent inconnus de l'écrasante majorité des clients. Il faut dire que les vendeurs en magasin n'ont pas vraiment tendance à s'étendre sur la question. Et pour cause : ils touchent eux-mêmes une commission à chaque fois qu'ils réussissent à placer une carte. Comme le soulignait un rapport de la Répression des fraudes publié en juillet 1996, *« les vendeurs, étant rémunérés sur le nombre de cartes placées, sont souvent davantage motivés par un souci de rentabilité que par celui de l'information objective de l'emprunteur, et, notamment, ils n'ont aucun intérêt à mettre l'accent sur le coût élevé de ce type de crédit »*. Pour la même raison, les vendeurs précisent rarement au client qu'il a la possibilité de rembourser le prêt par anticipation sans aucune pénalité, partiellement ou totalement (comme tous les prêts à la consommation). Ce point figure théoriquement dans le contrat de souscription mais, comme le note la Répression des fraudes, « *les mentions relatives aux conditions de fonctionnement sont imprimées en très petits caractères et sont difficilement lisibles* ».

Lorsqu'ils tiennent un client, les établissements financiers ne le lâchent pas. S'il a le malheur d'utiliser la réserve d'argent mise à sa disposition, il recevra presque tous les mois des mailing l'incitant à en dépenser davantage. Dans le cas contraire... il en recevra quand même !

Ces courriers, peaufinés par les services marketing, n'hésitent pas à utiliser des slogans pousse au crime. « *Vous pouvez nous demander de 20 000 à 140 000 F sur simple appel* » (Finaref pour la Redoute), « *Vous disposez d'une réserve totale de 20 000 F, sans formalité* » (Facet pour Conforama), « *Besoin d'argent ? Sous 48 heures c'est réglé* » (Sofinco pour la Samaritaine), et ce ne sont là que quelques exemples. Ces relances, qui confinent souvent au harcèlement, coûtent cher aux établissements financiers (qui répercutent ce coût sur le taux d'intérêt !) et risquent de favoriser le surendettement des ménages les plus fragiles. Tant de facilité apparente finit en effet par déstabiliser. D'autant plus que les sommes mises à disposition se reconstituent avant même que le client ait fini de rembourser. Il n'en faut pas davantage pour perdre ses repères. Les chiffres sont là : selon la dernière étude disponible[1], près de 30 % des ménages surendettés le sont notamment à cause du crédit permanent. Les établissements financiers se targuent de prendre des précautions. « *Nous*

1. Étude du Centre de Recherche sur l'Epargne (CREP), 1995.

n'accordons pas nos cartes aux clients dont l'endettement est trop fort », disent-ils. C'est vrai, mais en partie seulement. Car une fois la carte accordée, les établissements financiers ne se préoccupent plus de savoir si la situation du client a changé. Ils continuent de lui proposer des réserves d'argent pendant plusieurs années. Et tant pis s'il s'est retrouvé, entre-temps, au chômage ou financièrement fragile.

La vérité est que le surendettement ne préoccupe guère les professionnels. Du moins tant qu'il reste à un niveau raisonnable. La preuve, il est aujourd'hui possible d'obtenir plus de 100 000 F en moins de quarante-huit heures ! Il suffit de faire la tournée des grands magasins et des grandes surfaces en demandant la carte maison. Si vos revenus sont suffisants, on vous l'accordera à chaque fois sans discuter, même si vous disposez déjà de dix ou vingt autres cartes...

Face à ce constat, les pouvoirs publics cultivent une certaine forme d'inertie. « *Que comptez-vous faire pour limiter la distribution désordonnée de ces cartes ?* » demandait en substance, en juin 1996, le député UDF Joseph Klifa au ministre de l'Economie de l'époque Jean Arthuis. Surprise : la réponse du ministre reprenait alors presque mot pour mot un article publié quinze jours plus tôt... par le délégué général de l'Association française des Sociétés financières Jean-Claude Nasse. Voici quelques phrases communes aux deux discours :

« *Le crédit permanent n'apparaît pas comme un facteur particulier de surendettement.* »

« *Il semble que dans l'ensemble, les consommateurs français aient acquis aujourd'hui une maîtrise suffisante de la technique du crédit renouvelable.* »

« *La plupart des établissements de crédit assurent l'information de la clientèle par des dispositions spécifiques, tels par exemple, des guides d'accueil, des relevés mensuels détaillés et des services de renseignements par téléphone.* »

Mais le plus drôle est à venir. Deux ans plus tard, en mai 1998, lorsqu'un autre député, le RPR Jean-Yves Besselat, pose une question similaire au nouveau ministre de l'Economie et des Finances Dominique Strauss-Kahn, il s'attire presque la même réponse !

Les majorités changent, mais le lobbying des établissements financiers reste. Et, apparemment, il paie.

QUELQUES CONSEILS

— Pour vous convaincre de souscrire une carte privative, les magasins proposent souvent des avantages du genre « payez en neuf mois sans frais ». Il faut savoir que le détenteur d'une carte qui décide, malgré tout, de payer comptant a droit à une ristourne fixée chaque année par décret. Cette ristourne (ci-dessous pour 1999) varie selon la durée du crédit gratuit.

Durée du crédit gratuit	Ristourne en paiement comptant
3 mois	1,14 %
4 mois	1,42 %
5 mois	1,7 %
6 mois	1,98 %
7 mois	2,26 %
8 mois	2,54 %
9 mois	2,82 %

— Si vous détenez une carte privative, soyez extrêmement vigilant. En cas de vol, n'importe qui peut l'utiliser à votre place dans le magasin concerné ! Pour une raison simple : ces cartes ne disposent pas de code secret (sauf exception à la Fnac, Auchan, ou Carrefour). Bref, elles constituent un danger permanent.

— Si vous souhaitez résilier, vous devez le faire par écrit quelques mois avant la date anniversaire de votre contrat. Dans le cas contraire, la souscription risque de se renouveler automatiquement.

— La meilleure utilisation de la carte consiste à profiter des promotions, sans utiliser le crédit qui va avec. Ou à rembourser beaucoup plus vite que ce qui est proposé par le magasin. Attention aux offres d'appels téléphoniques moins chers, proposées par des grandes surfaces comme Carrefour par le biais de leur carte privative. Si vous n'y prenez pas garde, les communications vous seront facturées à crédit.

— L'établissement financier Cofinoga qui travaille, notamment, pour le BHV, les Galeries Lafayette ou Monoprix propose un programme de fidélisation appelé « points ciel ». Les clients qui souscrivent la carte Cofinoga cumulent des points à chaque achat, censés leur permettre de s'offrir gratuitement des places d'avion. Mais le septième ciel n'est pas toujours au rendez-vous. Cent francs dépensés donnent droit à dix points. Pour un aller-retour Paris-Madrid, il faut donc dépenser près de 150 000 F en cinq ans, soit une moyenne de 2 500 F par mois dans les seules enseignes concernées. Bon courage.

LES PETITS FRAIS DES NOTAIRES

Qui vérifie vraiment la facture de son notaire ? Pas grand monde, et pourtant... Chaque année, quinze millions de Français font appel à un notaire. Un passage quasiment obligé pour acheter un appartement, régler une succession, rédiger un contrat de mariage ou un testament. Au total, la profession brasse chaque année près de 2 000 milliards de francs, plus que le budget de la France !

L'ennui, c'est que les factures ne sont pas toujours très claires. Premier motif de vigilance : le dépassement des frais conventionnés. Une grande partie des tarifs des notaires sont en effet fixés par décret. Ce sont les

« émoluments », que n'importe qui peut se procurer (voir nos conseils). Les principaux actes des notaires y sont tarifés par unité de valeur (UV). Chaque UV vaut actuellement 21,50 F hors taxes, soit 25,93 F avec la TVA de 20,6 %. Une « copie sur papier libre » coûte par exemple 0,1 UV par page, soit 2,59 F. Une demande d'acte d'état civil ou un extrait cadastral sont payés 3 UV, soit 7,77 F, etc.

Mais certains membres de la profession trouvent ces émoluments un peu trop faibles à leur goût, et s'arrangent donc pour les contrebalancer de deux façons : en inventant de nouveaux frais, ou en augmentant purement et simplement les tarifs officiels. De surcroît, certains frais (envois postaux, coups de téléphone ou de fax) apparaissent séparément sur les factures finales alors qu'ils devraient être inclus dans les émoluments. Enfin, des « frais de dossier » sont parfois exigés. Pourtant, l'article 2 du décret du 8 mars 1978 est clair : les émoluments des notaires *« comprennent forfaitairement la rémunération de tous les travaux relatifs à l'élaboration et à la rédaction de l'acte ainsi que l'accomplissement des formalités rendus nécessaires par la loi, et le remboursement de tous les frais accessoires, tels que frais de papeterie ou de bureau »*.

Toutes les petites sommes indûment prélevées par les notaires peuvent, au final, déboucher sur un joli pactole annuel. Après analyse d'une centaine d'actes immobiliers, le magazine *Que Choisir* (novembre 1998) chiffrait à 500 F le surcoût moyen injustifié par acte. Une étude notariale qui réaliserait trois mille actes par an empocherait ainsi un supplément de 1 million et demi de francs !

Le contournement des règles n'est pas le seul moyen qu'ont trouvé les notaires pour arrondir leurs fins de mois. Beaucoup ont appris à vivre mieux grâce aux

> **QUELQUES CONSEILS**
>
> — Pour connaître les émoluments des notaires fixés par décret, il suffit de les demander aux notaires. Selon l'article 38 du décret de 1978, un exemplaire des tarifs *« doit être remis aux conseils régionaux, aux chambres départementales des notaires et à chaque notaire, qui devront le tenir à disposition de toute personne qui en fera la demande »*.
>
> — Une fois les actes rédigés, le notaire doit obligatoirement remettre au client un décompte détaillé (article 7 du décret de 1978) dans les quatre mois qui suivent.
>
> — Si des honoraires vous sont facturés sans votre accord en plus des tarifs officiels, vous pouvez les contester devant le tribunal d'instance, car vous auriez dû en être informé auparavant.
>
> — En cas de contestation, vous pouvez également alerter la chambre départementale du notariat. Ecrivez au responsable « contrôle facturation ». Les sanctions sont rares, mais elles sont prononcées de temps en temps.

expertises et aux conseils dont les tarifs sont fixés librement. Quand un notaire calcule la surface d'un logement à vendre, quand il donne des conseils de gestion de patrimoine ou quand il évalue le montant d'un bien, il se situe hors du champ des tarifs imposés, et peut donc donner libre cours à son imagination tarifaire. Ce sont alors des « honoraires », par opposition aux émoluments. D'où une certaine confusion chez les clients ! Comme le reconnaissait l'an dernier le nouveau président du Conseil supérieur du Notariat Jean-Paul Decorps : *« La situation est complexe, car les facturations prennent en compte la rédaction d'actes, mais aussi des conseils, et de ce fait, pour un même acte, malgré l'existence d'un tarif officiel, il peut y avoir un coût différent »* (*Les Echos*, 24 octobre 1998). Les clients découvrent ainsi sur leur décompte une ligne énigmatique souvent intitulée « art. 4 ». Allusion à l'article 4 du décret de 1978 qui évoque la possibilité pour le notaire de facturer des honoraires. Selon cet article, pourtant, *« le client doit être préalablement averti par écrit du caractère onéreux de la prestation de services et du montant estimé ou du mode de calcul de la rémunération à prévoir »*. Une transparence qui fait souvent défaut. Résultat : les clients découvrent ces surcoûts au dernier moment, généralement alors qu'ils ont déjà versé une provision sur frais. Le rapport de forces penche alors largement en faveur du notaire.

DÉPANNEURS OU CASSEURS ?

Des toilettes bouchées, une chasse d'eau qui déborde, un robinet qui fuit, une porte claquée trop vite, une inondation dans la nuit : vous voilà dans l'obligation de faire appel à un dépanneur. Tous ceux qui sont passés par là savent qu'éviter les arnaques et les surfacturations n'est pas une mince affaire. Le secteur est gangrené par des « professionnels » peu scrupuleux qui profitent de l'ignorance de leurs victimes pour les plumer. Leur stratégie : capturer leur proie par des tarifs apparemment imbattables sur les frais de main-d'œuvre et de déplacement. Puis les assommer sur les pièces prétendument défectueuses.

Frédéric a travaillé quelques mois dans une grande entreprise parisienne de dépannage à domicile. Il en a gardé un souvenir écœuré. *« Le patron nous disait : "Cherchez pas à réparer. Changez les pièces. Point." Pour nous inciter financièrement, on touchait 7 % sur les pièces neuves. Du coup, certains employés avaient pris pour habitude de casser eux-même les chaudières, les portes ou les chasses d'eau.* »

Ces cas extrêmes ne sont heureusement pas la règle. Mais d'autres moyens sont utilisés par les dépanneurs pour améliorer le quotidien. En septembre 1996, le magazine *Que Choisir* avait tenté une expérience : faire appel à six entrepreneurs différents pour le même problème, une vitre à remplacer. Résultat : le prix de la vitre variait de 275 F à... 2 756 F. Il est clair que certains se font de juteux bénéfices. Ce n'est pas un hasard si les plombiers refusent d'installer des pièces que le client s'est procurées lui-même dans le commerce. D'après une analyse de la Répression des fraudes sur plus de 6 000 factures, le remplacement du matériel représente en moyenne 90 % de la somme demandée au client. On comprend mieux pourquoi certains n'hésitent pas à pratiquer des tarifs attractifs sur la main-d'œuvre et le déplacement. Et comment un simple lavabo bouché peut aboutir à une facture de 5 000 ou 10 000 F !

Pour se faire connaître, les entreprises peu scrupuleuses font généralement leur pub en distribuant des prospectus dans les boîtes aux lettres. Elles savent aussi exploiter les vertus des pages jaunes de l'annuaire. Pour se retrouver en tête de liste, il leur suffit de prendre une dénomination qui commence par A, ou AA, voire AAA ! Les plus habiles vont même jusqu'à multiplier les noms d'enseignes (toujours avec des A) ayant des numéros de téléphone différents, mais aboutissant à la même entreprise ! On le voit : mieux vaut s'adresser au dépanneur de son quartier avec qui une sorte de contrat de confiance s'établit. Mais là encore, attention : certaines adresses ne sont que des boîtes postales qui font croire à une présence locale, alors que le numéro de téléphone aboutit à un standard général

QUELQUES CONSEILS

— Depuis quelques mois, vous pouvez consulter sur minitel la liste des plombiers ou électriciens de votre ville sans tomber systématiquement sur ceux dont le nom commence par la lettre A. Pour éviter les abus, France Telecom a en effet décidé de publier les enseignes à partir d'une lettre aléatoire qui varie à chaque fois.

— Demandez un devis avant toute réparation. Il est obligatoire si la somme à payer excède 1 000 F et doit être accompagné d'un ordre de réparation que vous devez signer (arrêté du 2 mars 1990). Le devis est en général gratuit, mais vérifiez-le d'abord au téléphone.

— Si le prix qu'on vous demande vous paraît exorbitant, refusez l'ordre de réparation que le dépanneur vous soumet. Tant que vous ne l'avez pas signé, vous n'êtes pas engagé. Après, il est trop tard.

— Si vous êtes dans l'urgence, par exemple en cas d'inondation, et que le dépanneur en profite pour vous extorquer des sommes astronomiques, ne perdez pas votre sang froid. Demandez-lui de réparer la fuite provisoirement. Vous pourrez ensuite faire appel à quelqu'un d'autre pour la réparation définitive.

— Une fois les travaux réalisés, le dépanneur a l'obligation de vous remettre les pièces qui ont été changées, sauf si vous signez une décharge. Elles pourront vous servir de preuve en cas de litige. Par ailleurs, toute facture d'un montant supérieur à 100 F doit être détaillée (prix de chaque pièce, de la main-d'œuvre, du déplacement...).

— En cas de coupure de courant ou de fuite de gaz, contactez EDF-GDF. Un numéro, disponible 24 heures sur 24, est indiqué sur votre facture. Les interventions sont la plupart du temps gratuites (sauf si vous êtes responsable du problème).

— Certains dépanneurs vous proposent des formules d'abonnement à l'année, avec un argument : la gratuité du déplacement et de la main-d'œuvre. Sauf que le prix des pièces à changer, lui, est libre, et même très libre ! A éviter.

situé dans une grande ville limitrophe. Le seul moyen imparable pour échapper au piège de ces sociétés tentaculaires est donc de se déplacer pour vérifier la réalité de la devanture du dépanneur. Reste à espérer qu'il sera compétent. Pour le consommateur, les repères sont rares. Un seul élément permet de limiter les risques : le logo bleu en forme de « a » (en minuscule) qui signifie « artisan » et qui figure sur les devis ou au fronton de l'entreprise de réparation. Ce logo est accordé aux artisans qui ont un CAP, un BEP ou au moins six ans d'expérience. Le même logo, mais en couleur rouge, identifie les maître artisans, qui sont supposés mieux formés. Ils ont en effet obtenu le brevet de maîtrise délivré par les chambres de métiers.

Chapitre 3

Comment on vous fiche

Le fichage tous azimuts est l'une des maladies d'aujourd'hui. Toutes les entreprises fichent leurs clients. Elles en ont le droit. A condition de ne pas aller trop loin dans le type d'informations enregistrées et dans les conséquences qui en découlent pour les consommateurs. A condition aussi de le faire en toute transparence. Ce qui est rarement le cas.

LES PETITS FICHIERS DES BANQUES

Nous sommes tous fichés ! Et d'abord par notre banque. Les établissements financiers ont pris l'habitude de trier leurs clients selon des critères connus d'eux seuls. En clair, de les ranger dans des tiroirs qui serviront de base au comportement du conseiller bancaire. Pour comprendre, prenons l'exemple du Crédit Lyonnais. Cette banque attribue une « note de potentiel » à ses clients selon leurs revenus, le montant de leur épargne et des éventuels prêts immobiliers souscrits. Quatre groupes sont recensés dans les documents internes. Le groupe numéro un (le moins riche) est lui-même divisé en trois sous-segments : 1A, 1B, 1C. Si vous êtes dans le segment 1C, vous présentez, selon les calculs informatiques de la banque, une *« situation financière fragile »*. Autrement dit, vous gagnez peu, et vous êtes souvent à découvert, donc risqué. Conséquence : pas de temps à perdre avec vous. L'attitude du conseiller financier, telle qu'elle est définie dans les documents internes qui lui sont adressés, est sans ambiguïté : *« clarifier les frontières, les règles du jeu, les conséquences, les coûts..., faire respecter les décisions, inciter fortement à l'utilisation de la banque à distance »*. La banque à distance (minitel ou téléphone) a un double avantage : elle permet de dégager du temps au conseiller clientèle tout en faisant engranger de juteux bénéfices à la banque, les opérations et la consultation des comptes étant facturées le plus souvent 2,23 F la minute (voir page 46). Les clients 1B ne sont pas beaucoup mieux considérés. Ils gagnent entre 50 000 F et 100 000 F nets par an, détiennent moins de 30 000 F d'épargne et n'ont pas de prêt immobilier. L'attitude du conseiller clientèle consiste à *« éliminer les contacts infructueux »* et à *« favoriser les multiventes »*. En clair, à perdre le moins de temps possible avec eux, tout en les rentabilisant par le biais de produits rentables pour la banque : cartes bancaires, assurances...

Mais un banquier sait aussi être gentil. Par exemple avec les clients qui présentent, dans le jargon bancaire, une « situation financière évolutive ». Autrement dit, qui pourraient bien, un jour, rapporter de l'argent. C'est le cas de la catégorie juste au-dessus appelée 1A, où l'on trouve notamment les étudiants. Consigne : *« les rencontrer impérativement au moins une fois par an, prendre l'initiative et être actif »*.

Ainsi monte la pyramide des clients du Crédit Lyonnais, jusqu'aux plus riches qui entrent dans le segment 4 : 800 000 F de revenus annuels nets, ou, au choix

1 million de francs d'épargne. Eux sont les chouchous. Il ne faut surtout pas les perdre ! Quitte à être gentil. Résultat : plus la notation augmente, plus le client est en mesure de négocier les tarifs bancaires et les taux de prêts immobiliers à la baisse. Ou comment faire des fleurs à ceux qui en ont le moins besoin... Toutes les banques fonctionnent aujourd'hui à peu près de la même façon. La BNP prend ses clients pour des hôtels en leur attribuant une à quatre étoiles. Le Crédit Mutuel d'Ile-de-France donne une note de 1 à 4, etc.

D'autres établissements préfèrent des dénominations plus parlantes. C'est le cas de la Société Générale qui classe sa clientèle selon son comportement financier en quinze catégories appelées Sogétypes. Au total, trente et un critères sont passés à la moulinette de l'ordinateur ! En haut de l'échelle se trouvent les « financiers » dont les revenus mensuels dépassent souvent les 100 000 F nets et qui se caractérisent par une *« activité boursière intense privilégiant le risque »* (doc. interne), les « accomplis » qui gagnent 17 000 F par mois mais dont les revenus *« peuvent être en déclin »*, les « dynamiques » au revenu mensuel de 33 000 F *« en pleine expansion »,* et les « pratiques » qui gagnent environ 14 000 F et adoptent une *« gestion raisonnable et scrupuleuse »*. Au milieu de la pyramide, on trouve les « sereins » (14 000 F par mois), souvent âgés et considérés comme *« sans grand potentiel d'évolution à court terme »*, les « modernes » (16 000 F à 32 000 F par mois), *« très utilisateurs de services »*, qui *« n'hésitent pas à s'endetter »*, les « conservateurs » (8 500 F par mois) qui utilisent leur compte prudemment, les « consommateurs » (10 000 F par mois) qui *« dépensent ce qu'ils gagnent et parfois plus »*, enfin les « raisonnables » (8 300 F par mois) qui *« gèrent soigneusement leur budget »*. En bas de l'échelle, enfin, on trouve les « stables » (moins de 7 300 F par mois) *« presque toujours débiteurs pour des montants faibles »*, les « sans mouvements » (comptes morts), les « optimistes » (8 000 à 16 000 F par mois) trop souvent à découvert au goût de la banque, les « bien vivants » (8 300 F), *« consommateurs dans l'âme mais scrupuleux »*, les « trésorerie zéro » qui ont beaucoup d'impayés et enfin les « espoirs » (5 400 F par mois), la plupart du temps jeunes et étudiants. Bref, le système est particulièrement redoutable ! On le retrouve sous une forme différente au Crédit du Nord et à la Bred.

Voilà comment les banques nous classent et nous observent sans le dire. Et comment notre conseiller adapte son comportement en fonction de notre segment. Mais le fichage va parfois plus loin, grâce à des zones « commentaires » ou « bloc-notes » que l'on retrouve dans les applications informatiques de presque tous les établissements. Liberté d'expression garantie pour le chargé de clientèle ! L'an dernier, un couple client du Crédit Mutuel de Bretagne a ainsi découvert sa fiche par hasard. Le conseiller s'étant absenté un moment, les deux époux ont jeté un œil curieux sur l'écran de l'ordinateur. Et ce qu'ils ont vu les a proprement ébahis : *« Personnes très timides »*, *« Monsieur est un menteur »*. Bien décidé à tirer les choses au clair, le couple a saisi la Commission nationale de l'Informatique et des Libertés (CNIL) qui a organisé un contrôle sur place. Les commentaires sur les autres clients de l'agence étaient du même tonneau : *« bon garçon, mais un peu niais »*, *« madame est toujours aussi conne »*, *« probable décès du mari dans brefs délais »*, etc. Depuis, la banque a évidemment fait marche arrière. Mais pour une agence prise en défaut, combien restent dans l'ombre ?

Quelques années auparavant, c'est le Crédit Agricole

QUELQUES CONSEILS

— Les banquiers profitent généralement des entretiens téléphoniques avec leur client ou des rendez-vous en agence pour « enrichir » leur fichier informatique. Méfiez-vous. Vous croyez peut-être raconter vos vacances de façon anodine, mais le conseiller, lui, enregistre tout ! Certains banquiers ont pour consigne de tout garder en mémoire, y compris le prénom et l'anniversaire des enfants. Le jour venu, l'impression de proximité sera désarmante. Méfiance aussi quand vous téléphonez aux services de banque par téléphone. Tout est enregistré sur bande.

— Si vous aimez la discrétion, évitez de souscrire les assurances proposées par votre banquier : habitation, automobile, complémentaire santé. Ce sont autant d'informations supplémentaires que vous donnez à votre banquier (fréquence de vos accidents, de vos maladies...).

— Vous disposez d'un droit d'accès à toutes les informations nominatives vous concernant (art. 34, 35 et 36 de la loi Informatique et Libertés). Cela comprend la catégorie dans laquelle vous êtes classé, les commentaires qui peuvent être rédigés, ainsi que la rentabilité individuelle calculée dans certaines banques. La BNP, par exemple, peut connaître chaque trimestre la somme que vous lui avez rapportée ou fait perdre. Une pratique qui a tendance à se généraliser. L'ensemble de ces documents doit être communiqué au client sur sa demande *« en langage clair »*, c'est-à-dire avec la signification de chaque terme, moyennant une redevance forfaitaire maximum de 30 F. Si la banque refuse, pous pouvez saisir la CNIL, 21, rue Saint-Guillaume, 75007 Paris. Tél. : 01 53 73 22 22.

— Une fois que vous avez obtenu votre classement, tirez-en les conséquences. Si vous êtes bien noté, profitez-en pour négocier des prêts ou des ristournes. Dans le cas contraire, soyez prudent. En cas de dérapage, votre banquier ne vous fera pas de cadeau.

de Dordogne qui avait été épinglé. Un stagiaire avait découvert par hasard les appréciations de sa banque. Entre autres gracieusetés : *« ne s'améliorera pas avec le temps. Attitude inchangeable »*. Pour se défendre, les banques affirment qu'il s'agit de dérapages limités et ponctuels. Elles en sont pourtant parfois complices. En 1996, un document interne de la Société Générale (toujours en circulation) donnait quelques exemples d'éléments à enregistrer sur l'ordinateur. Dans la rubrique « Centre d'intérêt/divers », on pouvait lire : plongée, opéra. Dans la rubrique « Projets » : héritage en cours d'une résidence secondaire au Pays Basque. Depuis, la banque n'a pas supprimé ces rubriques. Bref, en matière de fichier bancaire, on continue à nager dans la plus grande opacité. Quant aux contrôles de la CNIL, mis à part ceux cités plus haut, ils sont rares. Devant l'ampleur de la tâche, ses moyens apparaissent dérisoires. Deux ou trois salariés permanents sont censés couvrir l'ensemble du secteur bancaire, soit 25 000 agences. Et ce n'est pas, de surcroît, leur seule activité.

FRANCE TELECOM ET EDF AUSSI

Les banques ne sont pas seules à classer leurs clients. France Telecom le fait aussi depuis 1995 grâce à un système baptisé « Frégate ». Facture par facture, l'opérateur analyse les délais de paiement de chaque abonné. Dès que le système informatique enregistre un retard, le « risque client » augmente. Il est symbolisé par un nombre de 0 à 499, et s'accompagne d'une appréciation « qualité payeur ». De 0 à 99, vous êtes un « très bon payeur », un « bon payeur » de 100 à 199. Vous êtes « à surveiller » de 200 à 299, « mauvais payeur » de 300 à 399, et enfin « très mauvais payeur » de 400 à 499. Ce « risque client » s'accroît d'autant plus rapidement que les incidents sont rapprochés. Trois retards successifs suffisent à rétrograder un « très bon payeur » au rang de « très mauvais payeur ». Il faut ensuite patienter quatre ans sans incident pour remonter la pente. Un peu comme le « bonus-malus » des assureurs automobile.

En cas de problème de paiement pour une facture, la note de l'abonné influence le comportement de France Telecom. Selon que vous serez bon ou mauvais payeur, les lettres de rappel seront plus ou moins courtoises, les frais plus ou moins élevés, et les restrictions de lignes plus ou moins drastiques. Un très bon payeur peut ainsi, sans risque, « oublier » de payer une facture inférieure à 2 500 F. Le solde sera simplement reporté à la prochaine échéance. Même chose pour un bon payeur, mais il devra s'acquitter de frais de retard : 75 F + 0,40 % d'intérêt par quinzaine. Un client « à surveiller » voit de surcroît sa ligne restreinte aux communications locales trente-cinq jours après l'incident. Le « mauvais payeur » ne peut carrément plus utiliser sa ligne téléphonique pour appeler. Il continue toutefois à recevoir des appels. Mais s'il persiste à ne pas payer son dû, sa ligne est suspendue (environ deux mois après l'envoi de la facture). Enfin, dernière étape, vingt jours plus tard, le contrat est résilié. Il devra payer deux cents francs pour réinstaller la ligne. La même procédure s'applique au très mauvais payeur. Seule différence : alors que le mauvais payeur peut toujours tenter de négocier avec France Telecom (voir nos conseils), le très mauvais payeur n'a pas beaucoup d'espoir à attendre de ce côté-là...

Ce système de gestion personnalisée n'a *a priori* rien d'illégal. Comme le dit un responsable de France Telecom, *« il serait injuste de se comporter de la même façon avec un bon client en retard parce qu'il est en vacances et avec un usager dont les incidents sont quasi systématiques* ». L'argument serait sans doute plus convaincant si France Telecom jouait la transparence. Or, le client n'est à aucun moment informé de l'existence du système. Encore moins de la note qui lui est attribuée.

Chez EDF-GDF aussi, l'abonné est dûment fiché. L'entreprise publique a mis au point un système qui ressemble beaucoup à celui de France Telecom. C'est la « note qualité payeur ». Elle va de 0 (mauvais payeur) à neuf (meilleur). Il s'agit d'une moyenne des points attribués au client à chaque facture en fonction de son délai de paiement. EDF remonte aux trois dernières factures. Le code indiqué sur la fiche informatique du client se présente ainsi : Q/pay (pour « qualité payeur ») : 369/6. Dans cet exemple, l'abonné a payé avec beaucoup de retard sa première facture (note : 3), avec un peu de retard sa seconde facture (note : 6), et sa troisième facture dans les délais (note : 9). Résultat :

QUELQUES CONSEILS

— Demandez à France Telecom et à EDF comment vous êtes classé. Vous êtes en droit de connaître votre code qualité payeur. En cas de difficulté, vous pourrez ainsi négocier d'égal à égal avec votre interlocuteur.

— Si vous avez une difficulté ponctuelle pour régler une facture, n'hésitez pas à contacter votre agence pour la prévenir. France Telecom et EDF jurent que ces outils informatiques ne sont qu'une aide à la décision, et qu'au final c'est l'agent commercial qui décide, après avoir entendu les arguments de l'abonné. On peut toujours essayer...

— Un argument qui porte : si vous ne pouvez pas tout payer, proposez de régler au moins une partie de la facture, avec un échéancier. Cela montrera votre bonne volonté.

sa note moyenne est 6. Deux nouvelles factures sans problème permettront au client de retrouver la note maximale. C'est plus rapide qu'à France Telecom !

SUIVIS À LA TRACE

L'informatique a plus d'un tour dans son sac. Grâce aux performances des ordinateurs, on peut désormais tout connaître ou presque des comportements d'achat des consommateurs. Les cartes de fidélisation qui prolifèrent dans les magasins (voir page 47) apportent une mine d'informations. A l'insu du porteur, elles dévoilent la nature de ses dépenses ainsi que leur fréquence et leur montant. Cofinoga, établissement financier qui gère notamment les cartes de fidélité des Galeries Lafayette, du BHV et de Monoprix, dispose d'informations approfondies sur ses quatre millions de clients. *« Nous connaissons dans le détail leurs habitudes de consommation »*, expliquait sans gêne le P-DG de Cofinoga Philippe Lemoine dans les colonne du *Revenu français* en janvier 1997. *« Le traitement de ces informations par nos bases de données nous permet de communiquer de manière personnalisée grâce à des messages différents. Il y en a plus de 150 chaque mois. »* Bref, si monsieur a acheté des dessous féminins le 17 janvier dernier, Cofinoga le sait. Rien ne l'empêche ensuite d'envoyer un courrier du genre : *« Vous qui avez acheté un soutien-gorge de marque X, nous vous offrons 20 % de réduction sur votre prochain achat. »* Espérons qu'il s'agissait bien d'un cadeau pour madame ! Sinon, il lui faudra surveiller son courrier de près.

Cetelem, concurrent de Cofinoga avec la carte Aurore (que l'on retrouve notamment à Conforama ou But), propose un procédé identique aux commerçants avec la carte Fidelem. « *Vous pouvez constituer une base de données sur vos clients* », précise le dossier envoyé aux magasins susceptibles d'être intéressés. « *Cette base, constituée des informations recueillies lors de la souscription, est enrichie des informations sur les comportements d'achat de vos clients, transmises au serveur lors d'une télécollecte quotidienne.* »

L'objectif est toujours louable : adresser des messages ciblés aux clients, et faire éventuellement des offres promotionnelles aux plus fidèles d'entre eux. Mais ce fichage clandestin (les détenteurs des cartes en sont rarement informés) laisse une impression désagréable. La Fnac procède elle aussi à une analyse détaillée des achats de ses adhérents, repérables à leur carte Fnac. « *Quatre ans de tickets de caisse et de comportements d'adhérents sont passés au crible* », rapportait le mensuel *Enjeux Les Echos* en septembre 1998. « *L'objectif : constituer une segmentation approfondie d'une dizaine de catégories de clients, des éclectiques aux chasseurs de primes en passant par les spécialistes ou les gros budgets.* » Grâce à cette énorme base de données, la Fnac peut connaître les passions de ses adhérents : musique classique, informatique ou littérature. Le cas échéant, elle peut les avertir des événements culturels qui les intéressent, par exemple des débats qu'elle organise sur tel ou tel sujet.

Nos comportements d'achat sont non seulement fichés, mais aussi revendus au plus offrant. La Redoute et les Trois Suisses disposent d'une base de données considérable. La revente des adresses de leurs clients constitue pour elles une activité parallèle fort lucrative. Moyennant finances, une société ou une association peut ainsi obtenir la liste des clientes ayant acheté, au cours des six derniers mois, de la lingerie féminine et des produits amincissants. Le tour de taille ou le tour de poitrine des acheteuses peut même entrer dans les critères de sélection ! Comme le dit la plaquette publicitaire de Régilist, la filiale des Trois Suisses chargée de la commercialisation des fichiers, *« les clientes du groupe Trois Suisses n'ont plus de secrets pour Régilist »*... Aujourd'hui, chaque individu est susceptible de se retrouver dans des dizaines de fichiers, qui sont ensuite commercialisés par des courtiers. Les fichiers sont en vente libre. Vous êtes abonnés au *Nouvel Observateur* ou à *Valeurs actuelles* ? Vous achetez des cassettes érotiques par correspondance. Repéré ! Les courtiers ont, ainsi, des dizaines de fichiers dans leur besace. On trouve même chez l'un d'entre eux (Locadress) les adresses de *« consommateurs à domicile »*, autrement dit des *« cibles ayant déjà été contactées au téléphone et qui ont accepté de recevoir à leur domicile un commercial »*. Un profil psychologique très accommodant, donc très recherché par les vendeurs. Mais aussi, pourquoi pas, par les escrocs de tout poil.

La grande distribution n'est pas la seule à suivre ses clients à la trace. France Telecom, dont nous avons vu précédemment la façon de noter ses clients, dispose d'une somme considérable d'informations sur les habitudes de ses abonnés. L'opérateur sait non seulement qui vous appelez, mais aussi quelle destination, à quel moment, selon quelle fréquence et pendant combien de temps ! Jusque récemment, une règle implicite voulait que l'entreprise n'utilise pas ces informations, qui relèvent de la vie privée. Hélas, en novembre 1997, les services marketing de l'opérateur ont eu l'idée géniale d'envoyer des mailings aux clients appelant souvent l'étranger. Leur but : proposer le service de réduction Primaliste. On imagine la surprise, voire l'indignation, de ceux qui, un beau matin, découvrent dans leur courrier une lettre commençant par : *« Vous qui appelez souvent en Algérie* », en « *Turquie* », ou « *en Israël* ». Six mois plus tôt, certaines directions régionales avaient carrément rédigé le message dans la langue supposée du client ! La CNIL a réagi, mais le mal était fait.

Les opérateurs de téléphones mobiles sont encore plus puissants. Ils peuvent techniquement connaître dans le moindre détail tous les déplacements de leurs clients. L'appareil téléphonique, dès lors qu'il est allumé, émet en effet en permanence des ondes qui sont reconnues par les bornes-relais de l'opérateur tout au long de son parcours. Jusqu'à maintenant, seuls les services de police ont eu accès à ces informations (ce qui a notamment permis d'arrêter les assassins présumés du préfet Erignac en Corse). Mais demain ?

Le même danger existe avec les banques. Grâce aux facturettes des cartes bancaires, elles peuvent tout connaître de leurs clients. Vont-ils souvent en boîte de nuit ? Achètent-ils beaucoup de bouteilles de champagne ? Si c'est le cas, c'est peut-être un comportement risqué qui impose au conseiller clientèle une plus grande vigilance... Plus simplement, si un client fait ses courses en hypermarché, c'est peut-être parce qu'il est pressé. Pourquoi ne pas lui proposer un service de banque à distance ? Nous n'en sommes pas là heureusement, mais le contrat signé par les détenteurs d'une carte bancaire ouvre la voie. Il autorise la banque à « *diffuser les informations (...) relatives aux opérations effectuées au moyen de celles-ci* », et à exploiter ces informations pour « *la mise en place d'actions commerciales* ». Officiellement, cette possibilité n'est pas (encore) utilisée par les banques. Mais les sociétés de marketing travaillent beaucoup dans cette direction. Leur discours envers les banques est sans ambiguïté : « *Vous êtes assises sur une mine d'or,* leur disent-elles.

Vous avez tort de ne pas en profiter. » Nous sommes en sursis.

QUELQUES CONSEILS

— La loi Informatique et Libertés interdit toute exploitation des données individuelles sans le consentement des intéressés. Si vous êtes suivis à la trace (dans vos achats par exemple), vous devez théoriquement en être informé au préalable. C'est rarement le cas. C'est donc à vous de le préciser au commerçant ou au gestionnaire de la carte de fidélité. Soit au moment de la souscription, soit plus tard en lui adressant un courrier. En ce qui concerne France Telecom, le nouveau contrat élaboré en février 1999 stipule que c'est au client de demander à son agence de ne pas utiliser les informations le concernant pour lui envoyer des mailings ciblés.

— Dès que vous donnez vos coordonnées à une entreprise (par exemple si vous commandez à la Redoute ou si vous adhérez à une association), sachez que vous risquez d'être fiché et que votre adresse pourra être revendue. Sauf si vous vous y opposez par écrit.

— Vous pouvez faire opposition une fois pour toutes auprès des 150 sociétés adhérentes au Syndicat des Entreprises de Vente par Correspondance. Il suffit d'écrire au 60, rue La Boétie, 75008 Paris, en demandant à être inscrit sur la « liste Robinson ».

— Si vous recevez un mailing, et que vous voulez savoir comment l'entreprise a obtenu votre adresse, elle doit vous répondre. Si elle refuse de vous le dire, vous pouvez saisir la CNIL.

— Si vous souhaitez connaître le cheminement de votre adresse, une petite astuce consiste à modifier légèrement votre nom ou prénom avant de le donner à une société X. Par exemple, Durant devient Durand ou Véronique Véronica. Quand vous recevrez un courrier contenant cette erreur, vous saurez que c'est la société X qui a vendu vos coordonnées.

LES DANGERS D'INTERNET

Pour les chasseurs de vie privée, Internet est un terrain de rêve. Sur « la toile », l'anonymat n'existe pas. Dès qu'un internaute se connecte sur un site, un fichier informatique (appelé « cookie ») s'inscrit automatiquement sur son disque dur. Le voilà repéré ! Le cookie le suit désormais pas à pas tout au long de sa visite. Il sait exactement quelles pages il consulte, dans quel ordre, et même le temps qu'il passe sur chacune d'elles. Même si le visiteur ne laisse pas ses coordonnées, le cookie pourra l'identifier chaque fois qu'il reviendra. Les propriétaires du site peuvent ainsi, s'ils le souhaitent, analyser l'évolution du comportement de l'internaute, de ses goûts et de ses intérêts. *« Les cookies représentent une atteinte à la vie privée évidente par le traçage qu'ils font de vous »,* regrette Me Jacques Georges Bitoun, avocat à la cour d'appel de Paris (*Info PC*, avril 1999). *« Ils mettent dans le domaine public des éléments de votre personnalité sur lesquels vous avez un droit imprescriptible et inaliénable. »*

Les sites de commerce électronique sont les plus redoutables. L'internaute y laisse en effet ses coordonnées et se dévoile lors de chacun de ses achats. Le site américain www.amazon.com qui vend des disques et des livres sur Internet enregistre ainsi tous les faits et gestes de ses clients. Lorsqu'ils reviennent, ils ont droit à un message fort sympathique du genre : « M. Durand, nous avons trouvé pour vous de nouveaux livres qui correspondent à ce que vous aimez » ! *« L'analyse des données est immédiate, et s'enrichit à chaque nouvel achat »*, explique calmement le P-DG d'amazon.com (*Libération* du 22 mars 1999). Les moteurs de recherche disposent eux aussi d'une situation privilégiée. Les internautes s'y dévoilent totalement puisqu'ils utilisent ces services pour trouver les sites qui les intéressent. Grâce aux cookies, les moteurs de recherche (comme l'américain Altavista.com) connaissent l'historique de toutes les requêtes effectuées à partir du même ordinateur. Ils peuvent ainsi envoyer à l'internaute des messages publicitaires extrêmement ciblés. Ficher un internaute peut conduire à tout connaître de lui, y compris ses opinions politiques, philosophiques, son appartenance religieuse ou sexuelle et son origine ethnique. En France, ces données sont considérées comme sensibles. Il est interdit de les enregistrer sans le consentement express des intéressés. Mais rien n'empêche une société américaine ou canadienne propriétaire de plusieurs sites de constituer clandestinement son petit fichier personnel à partir des traces laissées par ses visiteurs. A supposer que le secret soit éventé, les tribunaux français n'iront certainement pas poursuivre les contrevenants au-delà de l'Atlantique ! Par ce biais-là, une société française peut parfaitement racheter les coordonnées des internautes français ayant, par exemple, manifesté leur préférence homosexuelle ou leur couleur politique.

La vigilance s'impose aussi lors de l'utilisation des *newsgroups*, ces forums de discussion sur Internet où chacun peut s'exprimer librement. Les contributions s'effacent au bout de quelques jours... mais de l'écran seulement ! En réalité, elles restent stockées des mois, voire des années, dans la gigantesque mémoire informatique mondiale. Sur le site www.dejanews.com, on peut ainsi retrouver l'ensemble des écrits d'un internaute sur la littérature, le cinéma, la politique, etc. Il suffit de connaître son adresse e-mail. Un patron un peu curieux peut ainsi en apprendre beaucoup sur un salarié ou un candidat à l'embauche.

QUELQUES CONSEILS

— Il est possible de contrer les cookies par une manipulation informatique. Une fois réalisée, elle avertit l'internaute chaque fois qu'un cookie veut s'installer sur son disque dur. L'internaute peut alors refuser cette intrusion. Pour installer ce procédé, demandez conseil au service d'assistance technique de la marque de votre ordinateur. Mais sachez que les cookies sont tellement nombreux qu'il devient vite fatigant de dire non à chaque intrusion.

— Consultez le serveur de la CNIL : www.cnil.fr. Il montre comment les internautes peuvent être suivis à la trace. Impressionnant et instructif.

— Si vous êtes relié à Internet au bureau, sachez que vous êtes transparent pour votre employeur. Il peut retrouver vos traces sur le réseau sans grande difficulté. Demandez aux syndicats ou aux représentants du personnel de négocier des règles claires dans l'entreprise. Chacun doit savoir jusqu'où la direction de la société s'autorise à observer le comportement de ses salariés.

DES QUESTIONNAIRES TRÈS INDISCRETS

Les revendeurs d'adresses ne sont pas les seuls à profiter du business du fichage. En France, deux entreprises gagnent leur vie en récoltant les informations les plus intimes sur les Français. Véritables centrales de renseignements, elles agissent en toute légalité. Mais elles avancent masquées. Leur nom : Consodata et Claritas. Deux fois par an, chacune envoie environ vingt millions de questionnaires dans les boîtes aux lettres. Tout y passe : revenus, situation familiale, profession, âge, loisirs, comportements de consommation, projets d'avenir, endettement, jusqu'à la marque des tampons utilisés par madame ! Au total, quatre pages comprenant près de deux cents questions qui ne regardent théoriquement que vous. Une bonne partie de ces questionnaires finissent heureusement dans le vide-ordures. Mais de nouveaux foyers entrent dans le piège chaque année.

Le questionnaire est habilement présenté comme une « grande enquête sur la consommation des foyers » (Consodata) ou une « grande enquête spécial consommation » (Claritas). On pense logiquement à une étude officielle, genre INSEE. La lettre de présentation indique même que vous avez été « sélectionné » pour y répondre. Difficile de ne pas fondre devant tant de sollicitude. Et si vous avez encore quelques réticences, le courrier d'accompagnement vous fait miroiter des coupons de réduction des grandes marques de biscuits ou de jus d'orange. Ces coupons sont souvent distribués gratuitement dans les hypermarchés, mais peu importe, le problème est ailleurs : à aucun moment la lettre n'explique la vraie nature du questionnaire. Et pour cause, si c'était le cas, le taux de réponses chuterait brutalement. La vérité pourrait en effet rendre méfiant : les réponses sont tout simplement revendues à d'autres sociétés.

Une compagnie d'assurance obsèques peut ainsi obtenir la liste des hommes de plus de 70 ans, veufs ou divorcés, et disposant d'une confortable retraite. Une société de rachat de crédit peut acheter les adresses des familles potentiellement surendettées. Il lui suffit de demander, par exemple, celles qui disposent de revenus inférieurs à 8 000 F et qui doivent rembourser plus de 2 000 F par mois... Chaque adresse vaut entre 1 et 3 F selon le nombre de critères croisés.

Il faut visiter les deux ficheurs, Consodata et Claritas — situés tous deux à Levallois-Perret en région parisienne —, pour prendre la mesure du danger. En quelques minutes, votre interlocuteur est capable de vous sortir la liste des femmes seules, de 30 à 45 ans, buvant plus de 10 bouteilles de champagne par an, gagnant plus de 20 000 F par mois et habitant la Côte d'Azur. Une liste de rêve pour un escroc qui s'attaquerait aux vieilles dames riches et fragiles...

D'autres critères peuvent entrer en ligne de compte, comme le type de vacances (club, croisière, location...) ou de loisirs (danse techno, boîte de nuit, romans d'amour...). *« Nous ne vendons pas nos adresses à n'importe qui. Nous contrôlons toujours l'identité de l'acheteur »*, se défendent Claritas et Consodata. Mais leur vigilance peut être trompée. Une secte peut très bien créer un faux club de loisirs pour obtenir les adresses des personnes aimant les jeux de hasard ou l'astrologie. De même, rien n'empêche un cambrioleur d'inventer un club du troisième âge pour obtenir la liste de veuves fortunées.

Aujourd'hui, Consodata et Claritas fichent au total six à huit millions de foyers : plus d'un cinquième de la population française ! Elles espèrent obtenir des renseignements sur la moitié des Français dans les cinq ans qui viennent. Cela donne quelques frissons.

QUELQUES CONSEILS

— Si vous avez déjà répondu à l'un de ces questionnaires, et si vous souhaitez en sortir, écrivez à chacune des deux sociétés. Consodata, 105, rue Jules-Guesde, 92532 Levallois-Perret Cedex. Claritas, 30, rue Victor-Hugo, 92532 Levallois-Perret Cedex.

— Après une longue bataille juridique, la CNIL a réussi à imposer à ces deux sociétés l'ajout d'une case dans leur questionnaire. Elle permet à celui qui la coche de s'opposer à la cession des informations qu'il donne. Mais attention, dans ce cas, il n'a plus droit aux coupons de réduction promis... Autant dire que cette case ne sert pas à grand-chose.

FICHÉS MALGRÉ TOUT

Vous êtes vigilant ? C'est bien. Mais, malgré toutes vos précautions, vous risquez quand même d'être fiché ! Depuis 1997, les ficheurs sauvages disposent en effet d'une arme redoutable mise à disposition par France Telecom : la présentation du numéro. Le principe : le numéro de téléphone de l'appelant s'inscrit sur un boîtier spécial installé chez la personne appelée. Le rêve pour les sociétés qui veulent se constituer à bon compte une liste de prospects. Il leur suffit d'enregistrer les appels de tous les curieux qui demandent des renseignements. L'opération est encore plus efficace avec un numéro vert dont on aura fait préalablement la publicité. Ensuite, une petite consultation des annuaires inversés (3615 Quidonc à 2,23 F la minute ou 3617 Annu à 5,57 la minute) leur permet de découvrir immédiatement le nom et l'adresse de celui qui appelle !

Ce n'est pas tout. La vente des fichiers est si lucrative que les spécialistes des probabilités sont appelés en renfort. France Telecom peut ainsi déterminer l'âge probable de chacun de ses abonnés grâce à son... prénom. On sait ainsi que, statistiquement, 59 % des Eric ont entre 23 et 33 ans. Les Frédéric sont un peu plus jeunes : 24 ans en moyenne, et la moitié d'entre eux ont entre 19 et 29 ans. Un « indice de mondanité » est également attribué à chaque prénom, évidemment plus élevé pour les « Marie-Charlotte » que pour les simples « Bernard » ou « Karine ». France Telecom utilise aussi les données dont il dispose concernant l'équipement de l'abonné : a-t-il un minitel, un téléphone haut de gamme, un répondeur ? Ces informations donnent une idée du niveau social du client. Pour affiner, l'opéra-

QUELQUES CONSEILS

— Appelez votre agence France Telecom et demandez le secret permanent. Votre numéro n'apparaîtra plus lorsque vous donnerez un coup de fil. Il existe aussi une possibilité de secret appel par appel. Il faut composer le 36 51 avant le numéro de son correspondant.

— Même les abonnés en liste rouge doivent faire ces démarches. Aussi incroyable que celui puisse paraître, France Telecom a décidé de rendre leur numéro transparent lors d'un appel téléphonique (alors qu'ils paient quand même 15 F par mois pour ne pas apparaître dans l'annuaire !).

— Vous pouvez aussi vous inscrire sur la liste orange de France Telecom. L'opérateur s'engage alors à ne pas communiquer votre adresse à d'autres entreprises. Ces deux services sont gratuits. Les abonnés en liste rouge sont inscrits d'office en liste orange.

— Pour ne pas figurer dans les annuaires inversés, il faut appeler France Telecom au 08 00 55 97 02 qui vous supprimera du 36 15 Quidonc. Il faut ensuite contacter la société qui gère le 36 17 Annu (Iliad, 24, rue Emile-Menier, 75116 Paris) en lui demandant de vous inscrire sur sa liste verte. Les abonnés en liste rouge ne figurent pas dans les annuaires inversés (c'est toujours ça !).

teur fait appel aux statistiques géographiques de l'INSEE. Grâce aux données du recensement, l'Institut national de la Statistique et des Etudes économiques dispose d'une connaissance parfaite du terrain. Il sait que tel quartier est plutôt bourgeois, tel autre plutôt pauvre. Il monnaie donc ces informations auprès des entreprises. Résultat final : France Telecom classe aujourd'hui ses vingt et un millions d'abonnés en vingt « téléstyles », qui vont des « milieux modestes » aux « niveau social élevé », en passant par les « milieux ouvriers » et les « classes moyennes ». L'opérateur y ajoute l'âge probable et le type d'habitat (collectif ou individuel) avant de revendre le tout 1 F par adresse aux sociétés qui en font la demande. Bref, si vous n'avez jamais rien dit à personne, vous en avez déjà trop dit...

ÊTES-VOUS RISQUÉ ?

Dernier avatar du fichage : le « scoring ». Derrière ce nom étrange se cache une méthode statistique utilisée par les banques (décidément !) pour accorder ou refuser des crédits. A partir des incidents de paiement constatés chez l'ensemble des clients, l'ordinateur décide si vous êtes risqué ou pas. Il prend en compte des dizaines de critères : âge, revenus, situation familiale, endettement, profession, nombre d'enfants... Puis il donne une réponse : oui, non, à étudier. Dans le cas des crédits immobiliers, le résultat influe aussi sur le taux proposé par la banque. Si le client est bien noté, le taux est faible. Sinon, il augmente. En clair, le demandeur est, sans le savoir, victime (ou bénéficiaire) de l'attitude précédente de tous ceux qui lui ressemblaient. S'ils ont bien remboursé, c'est parfait, sinon, tant pis pour lui. Un raisonnement qui fait un peu penser à la réplique du loup dans la fable de La Fontaine : *« Si ce n'est toi, c'est donc ton frère »*, dit le loup à l'agneau avant de le dévorer...

Chaque élément d'information sur le candidat au prêt est donc passé au crible de l'ordinateur, en particulier sa stabilité dans la vie : depuis quand vit-il à la même adresse ? Depuis quand est-il marié ? A-t-il changé récemment d'employeur ou de banque ? Les réponses à ces questions orientent le logiciel. De même que la situation personnelle de l'emprunteur. Si vous avez deux ou trois enfants, vous serez mieux noté que si vous en avez quatre ou un seul. Mais si vous êtes divorcé, vous perdez des points...

D'autres éléments plus étonnants peuvent jouer. Il fut un temps où ceux qui voulaient acheter une voiture rouge à crédit étaient considérés comme plus risqués que ceux dont le choix se portait sur le même modèle en blanc ou en bleu. Le rouge était vu comme un signe de « frime » peu compatible avec la rigueur nécessaire à un remboursement régulier. Aujourd'hui, certains établissements de crédit tiennent compte du nom de la banque du demandeur. Si c'est une banque connue pour son agressivité commerciale en matière de crédit, l'ordinateur jugera la demande risquée car il trouvera bizarre que le client n'ait pas choisi sa propre agence. Raisonnement inverse si le compte principal est à la Poste, puisqu'elle ne propose aucun prêt à la consommation.

Tous ces critères sont particulièrement opaques. Les informaticiens font ce qu'ils veulent. Ils ne sont presque jamais contrôlés. Leur seule obligation consiste à déclarer à la CNIL les critères pris en compte par le logiciel. Mais personne n'ira vérifier la réalité de leur déclaration. En mai 1998, le magazine *Que Choisir* révélait ainsi que le Crédit Agricole refusait systématiquement ses crédits « open » (crédits permanents, voir page 44) aux *« nationalités statistiquement risquées »*. Les documents internes à la banque citaient les *« Maghrébins, les Turcs »* et les *« Yougoslaves »*. Pour eux, c'était le refus pur et simple, quels que soient par ailleurs leurs caractéristiques financières. Ces révélations ont contraint le Crédit Agricole à faire marche arrière. *« Nous nous sommes trompés. On a fait une erreur. On l'a reconnue. On l'a corrigée »*, se contente de constater l'un des responsables de la banque un an plus tard (émission « Un an de + », Canal +, 24 avril 1999). Mais cette affaire témoigne du pouvoir exorbitant des informaticiens. Car reconnaître ses erreurs, c'est bien, ne pas les commettre, c'est encore mieux. Aujourd'hui, rien ne nous dit que le critère de la nationalité n'est pas utilisé dans d'autres banques plus discrètes (tous les établissements ne l'écrivent pas noir sur blanc dans leur documents internes !).

Etranger ou pas, nous sommes tous soumis au jugement du logiciel. Le jour où un informaticien aura calculé que les porteurs de lunettes remboursent moins bien que les autres, il vaudra mieux ne pas être myope ! En théorie, le client est — un peu — protégé par la loi Informatique et Libertés, selon laquelle *« aucune décision administrative ou privée impliquant une appréciation sur un comportement humain ne peut avoir pour seul fondement un traitement automatisé d'informations donnant une définition du profil ou de la personnalité de l'intéressé »* (article 2). Mais en pratique la marge de manœuvre d'un banquier face à la décision de l'ordinateur est bien faible, voire inexistante... Et pour cause ; un conseiller qui tenterait d'aller à l'encontre de la machine prendrait de gros risques au cas où le client poserait effectivement un problème d'incident de paiement.

Les techniques de score ne sont pas l'apanage des banquiers. Elles sont également utilisées par les magasins pour accorder ou refuser leurs cartes de crédit permanent qui ouvrent droit à des promotions (voir page 47). Elles le sont aussi par les sociétés de garantie de chèques. Leur nom (Chèque service, Transax) se retrouve près des caisses dans de nombreuses enseignes (Auchan, Intermarché, Darty, Célio, Tati, Courir, But...). Si un commerçant vous a un jour refusé un chèque après l'avoir passé dans son lecteur électronique, c'est peut-être à cause d'elles. Leur objectif consiste à déceler les risques de fraude sur les chèques à partir d'éléments statistiques : l'heure, le jour, le lieu et le type d'achat, mais aussi l'âge et le sexe du client, et le type de carte d'identité qu'il présente. Un jeune homme est plus risqué qu'une vieille dame. S'il présente un permis de conduire au lieu d'une carte d'identité, il perd des points. Son cas s'aggrave s'il veut acheter un magnétoscope ou des bijoux dans une banlieue jugée dangereuse, surtout si c'est un vendredi soir... Et ce n'est pas fini. Le système conserve en mémoire l'historique du chéquier. Si le carnet s'écoule un peu trop rapidement, ce n'est pas bon signe. Tant pis pour vous si vous êtes en train de meubler votre nouvel appartement ! Bref, après avoir mouliné tous ces éléments, le logiciel donne sa réponse et le commerçant est libre de la suivre ou pas. Mais s'il ne la suit pas, le chèque en question n'est plus garanti, alors que le commerçant paie justement le service dans cet objectif. Autant dire que cela ne se produit pas souvent...

C'est donc la machine qui fait la loi. Le système permet de contrer certains fraudeurs, mais il rejette forcément avec lui des clients parfaitement honnêtes. Cela fait toujours plaisir quand on arrive aux caisses.

QUELQUES CONSEILS

— Si on vous refuse un crédit ou un chèque sur la base d'un système informatique, vous êtes en droit de *« connaître et de contester les informations et les raisonnements »* qui ont abouti au refus (article 3 de la loi Informatique et Libertés). Adressez-vous à l'organisme ficheur. S'il refuse de vous répondre, saisissez la CNIL ou une association de consommateurs qui pourra entamer une procédure judiciaire au pénal contre l'entreprise incriminée.

— Si la décision de la machine vous est défavorable, ne vous laissez pas faire. Vous avez la possibilité de « forcer » la décision de votre interlocuteur en demandant un entretien avec le supérieur hiérarchique de la banque ou en téléphonant à la société de garantie de chèques qui vous a opposé un refus.

Chapitre 4

Contrer les manipulateurs

Techniques de vente agressives, manipulations douces : les astuces des professionnels pour vous embobiner ne manquent pas. Attention : les vendeurs sont payés pour vendre, pas pour conseiller.

LA « SOLLICITUDE » DES BANQUIERS

Nous l'avons vu, les banquiers sont sympa. Ils ont toujours une foule de services à rendre : une assurance contre le vol de votre carte bleue, une offre groupée comprenant un découvert autorisé, des crédits permanents... Si vous dites oui, vous leur ferez grand plaisir. Normal : dans presque toutes les banques, les « conseillers » ont des objectifs fixés par leur direction et touchent une commission à chaque produit vendu. De surcroît, des concours internes (appelés « challenges ») récompensent les plus efficaces d'une prime supplémentaire en pièces sonnantes et trébuchantes, ou en cadeaux de toutes sortes (caméscopes, bouteilles de vin, voyages...). De quoi, dans certains cas, doubler leur pouvoir d'achat. A la Société Générale, par exemple, les meilleurs vendeurs de la convention de compte

« Jazz » ont gagné l'an dernier une croisière au Club Med. On comprend déjà mieux la sollicitude des banquiers. Et quand on sait que la prime est d'autant plus importante que les produits vendus sont considérés comme prioritaires par la banque, on ne s'étonne plus du harcèlement dont ils font parfois preuve.

La lecture des documents internes des banques est à cet égard très instructive. La consigne donnée en janvier 1998 par la direction de la BNP à ses chargés de clientèle résume à elle seule la louable motivation des banquiers : *« Orienter encore plus nettement l'activité des commerciaux vers les produits les plus rentables pour la banque. »* On ne saurait mieux dire.

Quelques exemples suffiront à illustrer la générosité du système[1]. Vous souhaitez prendre un crédit immobilier ? Si vous allez à la BNP, on vous conseillera vivement un crédit à taux variable. Normal : il rapporte au conseiller jusqu'à 1 600 points, contre 1 200 seulement pour un taux fixe. Et les points sont convertis en francs à la fin de l'année. Cette différence s'explique : avec le taux variable, c'est le client qui prend le risque d'une remontée des taux, pas la banque...

Vous avez besoin d'une somme moins importante, disons 20 000 F ? Si vous avez la mauvaise idée de prendre un crédit classique, vous ne ferez rien gagner à votre conseiller du CIC Paris... En revanche, il touchera 100 F s'il parvient à vous vendre la carte « Allure », adossée à un crédit permanent, une réserve d'argent qui se reconstitue au fur et à mesure de vos remboursements (voir chapitre 2). Les banquiers en sont friands car les taux d'intérêt sont deux fois plus

1. Ces exemples sont tirés des documents internes édités par les banques en 1998. Quelques légères modifications sont susceptibles d'avoir été apportées depuis.

élevés, et la durée de remboursement beaucoup plus longue !

Le forcing commercial peut aussi dépendre des saisons. Au Crédit Lyonnais, chaque conseiller doit réaliser au moins 60 % de ses objectifs s'il veut espérer toucher sa prime de fin d'année. Au CCF, c'est 90 %. Si le résultat est inférieur, adieu les étrennes ! Moralité : quand la fin de l'année approche, méfiez-vous. Même chose au CIC Paris, mais cette fois, le problème se pose à la fin de chaque trimestre : juin, septembre, décembre et mars. A la Bred, les produits à mettre en avant varient aussi selon les périodes : crédits permanents à l'approche des vacances d'été et des fêtes de Noël, placements financiers en janvier, crédit automobile au moment du Salon mondial de l'Automobile en novembre.

D'une façon générale, les chargés de clientèle sont souvent incités à vendre plusieurs produits à la fois, des cartes, des assurances, des crédits, des placements... A la Société Générale, on appelle cette pratique la « vente associée ». Une récompense de 10 F s'ajoute alors aux primes des deux produits vendus. Si vous souscrivez une carte, on vous conseillera ardemment de prendre en même temps une assurance contre le vol. Si vous demandez un prêt, ce sera plutôt une assurance chômage, etc.

L'attitude est similaire au Crédit Agricole du Midi. Si vous y ouvrez un compte, on vous demandera toujours de souscrire un petit quelque chose en plus. Logique : le conseiller touche alors 30 F au lieu de 15 F pour l'ouverture du compte, sans compter la prime liée au produit supplémentaire. Même principe au CIC Paris. Le chargé de clientèle gagne 100 F au lieu de 30 F s'il parvient à vous convaincre de souscrire trois produits au moment de l'ouverture du compte. Enfin, au Crédit du Nord, l'objectif est d'équiper chaque client avec au moins trois produits. Quand un conseiller clientèle vous a sous la main, il a intérêt à ne pas vous lâcher !

Toutes ces pressions sont régulièrement dénoncées par les syndicats. Après tout, ce sont d'abord les employés qui les subissent. Certains chargés de clientèle tentent de résister, en privilégiant l'intérêt de leurs clients, mais cela devient de plus en plus difficile. « *Il y a quelques années, on est passé du conseil personnalisé à la vente forcée* », témoigne un employé de banque du sud-ouest de la France. « *J'ai fait de la résistance en essayant de favoriser le conseil. Résultat : on m'a argué que je ne produisais pas assez. On a supprimé ma fonction commerciale pour me cantonner dans l'administratif. Depuis, la pression sur les commerciaux est devenue énorme. A tel point que les cas de dépression ne sont pas rares.* »

La Poste est touchée elle aussi. Elle perd chaque jour un peu plus son rôle de service public au profit d'une optique purement commerciale. « *Deux priorités pour 1999 : vendre plus et vendre mieux* », annonce le dernier programme d'action commerciale de l'entreprise à l'intention de ses conseillers. A la Poste, quand on ne parvient pas à tenir ses objectifs, on risque purement et simplement le licenciement. D'autant que les nouveaux employés n'ont plus le statut de fonctionnaire, mais seulement celui de contractuel. Les commerciaux ont pour consigne de collecter le plus d'argent possible sur des placements comme le livret A ou le CCP. Ils doivent aussi vendre à tour de bras des produits qui varient en fonction des campagnes appelées campagnes « harpon », destinées, comme leur nom l'indique, à « harponner » le client. Et malheur à l'employé qui ne les respecte pas. Les petits chefs sévissent alors dans

QUELQUES CONSEILS

— Méfiez-vous des campagnes de publicité (affiches sur la devanture des agences, spots radio ou télé) vantant des produits bancaires. Elles coïncident presque toujours avec des objectifs de vente imposés au conseiller financier.

— Lors des privatisations, la pression commerciale des banquiers sur les clients devient quasi hystérique. Les établissements bancaires touchent en effet de grosses commissions du gouvernement pour placer des actions auprès du grand public.

— Ne souscrivez jamais un produit avant d'en avoir parfaitement saisi le fonctionnement. Si vous ne comprenez pas tout, n'achetez pas ! Demandez-vous également si vous avez vraiment besoin de ce que l'on vous propose.

— Si vous souhaitez jouer en bourse, votre banquier, notamment à la Poste, vous orientera sans doute vers un produit maison *« beaucoup plus sûr »* que les achats d'actions en direct. Logique, dans ce cas, sa commission est nettement plus importante.

— Si vous ne supportez pas les pressions commerciales, deux banques font figure de (relatif) havre de paix : la Caisse d'Epargne et le Crédit Mutuel. Dans ces deux établissements, les conseillers ne sont pas rémunérés en fonction des ventes. La pression est donc moindre... mais pas inexistante pour autant. La hiérarchie peut quand même ralentir la promotion d'un conseiller qui ne vendrait pas suffisamment.

des termes que l'on n'imagine pas dans une entreprise publique. *« Les premiers résultats ne sont pas satisfaisants,* écrit un directeur commercial départemental. *Il reste une semaine pour réagir. »* Ou encore : *« Dix conseillers sont en dessous du plan de marche »,* regrette une direction d'arrondissement de Paris. *« Les séances de phoning* (vente par téléphone, NDLR) *seront intensifiées. »* L'obsession du chiffre d'affaires frise parfois l'hystérie. *« Je vous intime l'ordre de réagir expressément pour un résultat immédiat »,* exige un autre directeur départemental. « *Je suivrai quotidiennement et personnellement les résultats de chacun.* » Il faut dire que les « managers » sont eux aussi intéressés aux résultats. Cet été, les 2 000 meilleurs d'entre eux ont gagné des kilomètres de vol gratuit sur des compagnies aériennes en proportion des ventes réalisées par leur équipe.

A la Poste comme ailleurs, ces pressions vont clairement à l'encontre du devoir de conseil et d'information du banquier. C'est pour l'avoir oublié que le Crédit Mutuel de Châteaudun a été condamné en septembre 1998 par le tribunal de grande instance de Chartres à verser 200 000 F à l'un de ses clients (l'affaire est en appel). Agé de soixante-neuf ans et neuf mois au moment des faits, Joseph Campagna avait souscrit, sur les conseils de sa banque, une assurance décès invalidité... valable jusqu'à l'âge de soixante-dix ans. Ces dérives risquent de se multiplier tant l'aspect commercial prime désormais sur le conseil.

LES CONSEILLEURS NE SONT PAS LES PAYEURS

Les banquiers, on s'en doute, ne sont pas les seuls à commissionner leurs employés en fonction de leurs ventes. De nombreux professionnels font passer leur profit avant le conseil aux clients. Les agents immobiliers touchent de l'argent quand ils réussissent à orienter des particuliers sur des établissements de crédit immobilier avec qui ils sont en relation (et ce ne sont pas toujours les plus intéressants !). Les courtiers en assurance sont supposés vous sortir le meilleur tarif dans la meilleure compagnie, mais c'est souvent le niveau de leur commissionnement qui guide leurs conseils. *Idem* dans les agences de voyages où les assurances annulation rapportent un petit quelque chose en plus à celui qui réussit à les placer. Et tant pis si le candidat au départ en a déjà une par le biais de sa carte bancaire (Visa Premier ou Gold Mastercard).

Le système touche aussi les agences France Telecom, où les employés sont payés selon une « part variable » qui dépend étroitement des produits (matériels ou services téléphoniques) qu'ils réussissent à vendre. Priorité : les téléphones mobiles, les abonnements à Internet par le serveur de France Telecom (Wanadoo), ou encore le prélèvement automatique des factures du téléphone fixe. Le système va se nicher jusque dans les bureaux de poste, où les guichetiers ont des objectifs trimestriels de vente sur les enveloppes et les timbres !

Mais le plus intéressant est sans doute ce qui se passe dans les grandes enseignes de la distribution pour les produits électroménagers ou électroniques grand public (magnétoscope, chaîne hi-fi, machine à laver...). La commission des vendeurs (appelée « guelte ») dépend presque toujours de la marge que l'enseigne tire de telle référence plutôt que de telle autre. Mais, contrairement à ce que l'on pourrait croire, des prix identiques peuvent impliquer des marges différentes. Tout dépend des négociations pratiquées entre la centrale d'achat du magasin et le fabricant. Il arrive que l'enseigne obtienne des prix très intéressants (parce que, par exemple, elle décide d'en acheter une grande quantité), sans changer pour autant le prix de vente en magasin. Résultat : sa marge augmente, et la commission du vendeur aussi. En bout de chaîne, c'est le malheureux client néophyte qui en fait les frais, puisqu'il risque d'être orienté systématiquement sur ce produit-là. Du moins pendant la période concernée par ces conditions préférentielles. Car si la marge du produit diminue brutalement, c'est un autre appareil qui tien-

QUELQUES CONSEILS

— Avant d'acheter, multipliez les sources de renseignements. Ne vous fiez jamais à un seul conseil. Quand un vendeur vous semble convaincant, notamment sur un avantage technique qu'il met en avant, vérifiez ses dires auprès d'une autre enseigne. C'est une démarche un peu lourde, mais indispensable pour tout achat important.

— Le commissionnement des vendeurs peut avoir un avantage : celui de négocier des ristournes avec succès. Il suffit de tomber sur un vendeur qui n'a pas encore tout à fait rempli ses objectifs sur tel ou tel appareil, pour avoir de bonnes chance d'obtenir un geste. La fin du mois est la période la plus propice.

— La Fnac est l'une des rares enseignes à limiter les commissions perçues par les vendeurs. Les sommes concernées ne représentent que 10 % environ de leur salaire. De plus, elles sont versées collectivement à une équipe (par exemple, aux vendeurs du rayon photo d'un magasin), et non à chaque individu. Cela dit, la Fnac n'hésite pas, dans le même temps, à accepter la présence de démonstrateurs payés par des fabricants dans son enceinte, accordant ainsi son image d'indépendance à des opérations purement commerciales.

— Dans le domaine des téléphones mobiles, les vendeurs sont particulièrement bien commissionnés sur deux options qui rapportent parfois plus que l'abonnement lui-même : la facturation détaillée et le prélèvement automatique. Le client est systématiquement incité à les souscrire. De plus, les enseignes qui affichent un panneau « espace SFR » (comme Point Telecom) auront tendance à vous conseiller des abonnements SFR plutôt que ceux du concurrent Itineris. Pour une raison simple : SFR leur garantit une meilleure rémunération que les autres magasins, à condition qu'ils vendent au moins 80 % d'abonnements à son nom. Même vigilance dans les enseignes « Aloha » qui appartiennent à SFR.

dra la vedette. Cela signifie que le « conseil » des vendeurs de la grande distribution peut varier d'une semaine sur l'autre ! Une chose, en revanche, ne varie pas : c'est l'incitation financière à vendre aux clients une extension de garantie du produit à cinq ans au lieu de deux ans normalement. Cet allongement se paie au prix fort : 700 à 1 500 F selon les produits et les enseignes. Mais il est rarement utilisé par les clients. Pour une raison simple : les statistiques sur le nombre moyen de pannes montrent que les problèmes surviennent le plus souvent dans les premières semaines d'utilisation (quand le produit a été mal monté ou contient par malchance un élément défectueux), ou alors beaucoup plus tard, dans les quatre à six ans qui suivent à cause de l'usure trop rapide d'une pièce. On le voit, l'extension de garantie ne sert pas à grand-chose. Elle ne coûte donc presque rien au distributeur. Résultat : certains vendeurs sont mieux commissionnés sur cette option que sur le produit lui-même !

Méfiance enfin envers les démonstrateurs envoyés directement par les fabricants dans les magasins. Ils sont évidemment payés pour vendre un seul produit, celui de la société qui les emploie. En théorie, ils devraient se distinguer des autres vendeurs par une tenue ou un badge particulier. Mais la différence est parfois très discrète.

LES PROFITS DU MARCHÉ DE LA MORT

Pour manipuler, l'idéal est d'exploiter le stress de sa proie. C'est ce qu'ont bien compris de nombreuses sociétés de pompes funèbres qui se livrent une guerre acharnée pour capter la plus grosse part de « marché », quitte à profiter des moments de faiblesse des familles des défunts.

L'ouverture totale du marché à la concurrence en

1998 a exacerbé les luttes et les passions. Résultat : tout est bon pour « capter les corps » (comme disent les professionnels du secteur), y compris, dans certains cas, la corruption. Ce genre de dérives, très difficiles à prouver, ont pourtant fait l'objet de quelques procès. En 1998, à Bordeaux, des employés de l'hôpital Saint-André ont été condamnés pour avoir orienté les familles des défunts vers une petite société de pompes funèbres moyennant 300 F de bakchich par corps. Deux ans plus tôt, à Pontoise (Val-d'Oise), trois employés de l'hôpital avaient également été condamnés pour le même motif. Leurs interventions arrondissaient régulièrement leurs fins de mois à hauteur d'environ 6 000 F. Illégal, bien sûr, mais tellement tentant. Il est si facile de convaincre des familles dans le désarroi avec une petite phrase du genre : *« Allez les voir. Je les connais. Ils sont très bien »*... Marie-Frédérique Bacqué, psychologue, auteur de plusieurs ouvrages sur le deuil[1], connaît bien le problème : *« Lors d'un décès, les proches du défunt sont particulièrement fragiles,* dit-elle. *Ils sont prêts à accepter tous les conseils qui viennent des professionnels, c'est-à-dire de ceux qui sont supposés savoir. Dans ces moments-là, on a toujours tendance à chercher un guide. »*

Des moments rêvés pour les manipulateurs. Les prescripteurs de cadavres sont tellement sûrs de leur fait qu'ils négocient parfois directement avec les sociétés de pompes funèbres le nombre de corps à fournir chaque année. L'auteur de ces lignes, à l'occasion d'une enquête, fut le témoin ahuri d'une tentative de corruption. Des extraits de ce dialogue incroyable furent publiés dans le magazine *Que Choisir* en avril 1998. Un directeur de maison de retraite de la région

1. Le dernier en date : *Deuil et santé*, aux éditions Odile Jacob.

de Nice proposait de fournir au responsable d'une société de pompes funèbres (complice du journaliste) trois corps par an en échange, entre autres, d'un lit réfrigéré d'une valeur de 6 000 F (qui permet de conserver les corps quelque temps avant l'arrivée de la société). *« Attention, on est bien clair,* expliquait calmement le directeur de la maison de retraite. *Ce que je veux, c'est que les pensionnaires aient encore des petites choses en plus. C'est à vous de me dire ce que vous pouvez leur offrir. Mais à eux. Pas à moi. Moi je ne veux pas d'argent, je ne veux pas d'enveloppe. A moins que vous n'insistiez vraiment, mais* a priori*, ce n'est pas mon objectif initial.* » Sans commentaire. Les dindons de la farce sont évidemment les familles. Car, en bout de chaîne, ce sont elles qui font les frais de la corruption. Les bakchichs sont forcément répercutés, d'une façon ou d'une autre, sur les frais des obsèques.

Autre lieu potentiel de manipulation : les chambres funéraires privées. Les corps des personnes décédées à l'hôpital ou à domicile y demeurent quelques jours, le temps pour les proches de veiller le défunt et de préparer les obsèques. Hélas, ces chambres funéraires appartiennent à des sociétés de pompes funèbres privées (par exemple les PFG, Pompes funèbres générales, numéro un du secteur) et disposent souvent, de surcroît, d'un monopole dans une ville ou un département. *« Elles ont tout intérêt à orienter les familles vers leur propre société de pompes funèbres »*, dénonce Michel Kawnick, président de l'Association française d'Information funéraire. En théorie, pourtant, aucun conseil de ce type n'est admis. Les proches des défunts ont la liberté totale d'opter pour l'entreprise funéraire de leur choix. La liste des pompes funèbres de la ville doit même être affichée dans les chambres funéraires, ainsi que dans les services d'état civil des mairies. Mais,

QUELQUES CONSEILS

— Lors du décès d'un proche, le meilleur conseil est de charger un ami de la famille de la préparation des obsèques. Il a plus de distance affective, ce qui lui évite de tomber dans les pièges des sociétés de pompes funèbres.

— Il peut notamment comparer les devis de plusieurs sociétés. Ces devis sont obligatoires. Ils doivent être gratuits et détaillés. Il peut aussi prendre en charge les démarches légales (faire établir un acte de décès, le permis de mise en bière et le permis d'inhumer à la mairie), qui sont habituellement facturées au prix fort — jusqu'à 2 000 F — par les sociétés de pompes funèbres.

— En cas de décès à l'hôpital, la loi prévoit que l'établissement doit conserver le corps du défunt gratuitement pendant trois jours dans une chambre froide. Si l'hôpital n'en dispose pas, ce qui est fréquent, il doit alors prendre en charge les frais de transfert et de séjour dans une chambre funéraire privée. Attention : certains directeurs d'hôpitaux s'arrangent pour laisser ces frais aux familles en leur faisant signer un papier demandant le transfert dans une chambre funéraire privée. Dans ce cas-là, ce n'est plus l'hôpital qui paie la facture, mais la famille (2 000 F en moyenne).

— Les sociétés de pompes funèbres proposent de plus en plus souvent des « contrats obsèques ». Ces contrats ressemblent à des assurances décès. Le souscripteur paie, de son vivant, une somme en fonction de son espérance de vie et des prestations funéraires qu'il souhaite. Le jour venu, la société funéraire organisera elle-même les obsèques. Il s'agit de décharger les proches lors du décès. Soyez vigilant : le contrat doit être signé avec une société d'assurance (dont le nom — de préférence connu — doit impérativement figurer sur le contrat) et non avec la société de pompes funèbres qui ne joue qu'un rôle d'intermédiaire. Dans le cas contraire, vous risquez de voir votre argent s'envoler avant le moment fatidique. Cela s'est produit ces dernières années, à Cannes et à Bordeaux, où des sociétés de pompes funèbres ont mis la clé sous la porte sans rembourser leurs clients.

en pratique, cette liberté apparaît limitée tant les familles souffrent d'un manque d'informations et apparaissent démunies face au drame qui les touche.

Une fois entre les mains d'une société de pompes funèbres, les proches sont manipulables à souhait. En particulier sur les prix, qui sont totalement libres, et parfois sans rapport avec la réalité de la prestation fournie. Selon une enquête du Centre régional de la Consommation de Lille, réalisée en 1997 dans la région Nord, le prix d'un même modèle de cercueil peut varier de un à neuf selon les enseignes. De surcroît, les employés zélés ont tendance à proposer toutes sortes de fioritures autour du cercueil, et elles valent en général très cher. Méfiez-vous ; les prestations obligatoires se limitent à la liste suivante : cercueil avec quatre poignées (et pas six...), tire-fond, housse, mise en bière, corbillard avec quatre porteurs et inhumation avec un maître de cérémonie. Les autres accessoires (oreiller, marbrerie, etc.) peuvent peut-être rendre le deuil moins douloureux, mais ne sont pas obligatoires.

LE HARD SELLING

Certains commerciaux apprennent très tôt les techniques de la manipulation. Leurs méthodes, très agressives, s'apparentent au *hard selling*. En anglais : vente dure.

Première étape : le cadeau pour appâter le client. Les marchands de cuisines, de meubles, ainsi que certaines salles de sport s'en sont fait une spécialité. « *Je suis heureux de vous annoncer que vous avez gagné un superbe cadeau. Venez le retirer samedi prochain à notre magasin* », vous annonce votre interlocutrice au téléphone. Une fois sur place, vous voilà pris en main. Dans le meilleur des cas, le cadeau se révélera sans grande valeur. Et, dans le pire des cas, largement trompeur. Une « magnifique chaîne hi-fi » présentée en photo sur un prospectus se transforme en radio-réveil de piètre qualité qui tient dans la main. Le beau canapé qu'on vous avait promis est bien offert... à condition d'acheter les deux fauteuils qui vont avec, à un prix évidemment prohibitif.

Tous les spécialistes de la vente le savent : quand un client se déplace, 50 % du travail est fait. Ensuite, ce sont les commerciaux qui entrent en scène. Leur technique est rodée. Elle consiste à annoncer d'emblée un prix très élevé, avant de revenir progressivement à de meilleures dispositions. De temps en temps, le commercial fait semblant de consulter un pseudo « responsable » (la plupart du temps un collègue complice) qui accorde une baisse *« exceptionnelle »*, *« parce que c'est vous »*, *« parce que vous êtes le dernier client de la journée »*, ou encore *« parce que nous sommes en période promotionnelle »*... Les prix peuvent ainsi fondre de moitié en une demi-heure. Difficile de garder son sang-froid devant une telle « affaire ». Les commerciaux — rémunérés sur le prix de vente — ont pour consigne de ne pas lâcher leur proie avant d'avoir obtenu une signature. Même si les négociations doivent durer des heures. L'objectif est de fatiguer le client, d'user ses résistances pour affaiblir son esprit critique.

Les mêmes techniques se retrouvent souvent dans le *time-share*, en anglais : temps partagé. L'idée ? Acheter « à vie » (en général pour quatre-vingt-dix ans) une résidence au soleil pendant une ou deux semaines par an. Le tout pour 80 000 F à 140 000 F. Cher. Pour convaincre, là encore, le cadeau fait ses preuves. *« Bravo »,* annonce un courrier déposé dans votre boîte aux lettres. *« Vous avez gagné un séjour d'une semaine aux îles Baléares. Venez retirer votre lot avec votre conjoint(e). »* Plus subtil : on vous distribue un ticket de grattage qui se révèle évidemment gagnant. Sur le lieu du rendez-vous : première déception. Vous vous rendez compte que le « séjour » est offert, certes, mais pas le voyage. Bon, vous dites-vous, après tout, c'est déjà mieux que rien. Sur place, le rêve peut alors se transformer en cauchemar. On vous laisse un ou deux jours pour souffler et vous détendre, puis le harcèlement commence. C'est d'abord la réunion d'information obligatoire qui peut durer des heures pour évoquer les formidables avantages du *time-share*. Puis le dîner, toujours bien arrosé. Enfin, le forcing des hôtes et hôtesses d'accueil, qui n'ont rien des gentils organisateurs du Club Med et qui tentent par tous les moyens de multiplier les signatures des participants. Chacune leur rapporte une commission. Seule une bonne capacité de résistance permet d'échapper au rouleau compresseur.

De la résistance, il en faut aussi pour ne pas céder à l'apitoiement des démarcheurs à domicile. Recrutés par petites annonces dans les journaux gratuits (« société cherche vendeurs/vendeuses 18-26 ans, salaires motivants »), ils se présentent souvent comme sortant de prison ou travaillant pour une association humanitaire pour loger les plus démunis. Ils vendent des poupées en porcelaine ou des « toiles » — en réalité des tirages industriels sans valeur — à des prix assez élevés. L'attendrissement permet de frapper au portefeuille. Comme pour ce couple qui refusait de signer un acompte à un démarcheur, et qui a finalement cédé devant une habile manœuvre du vendeur. Celui-ci appelle son patron devant eux et se voit menacé de licenciement si les négociations échouent. Bouleversé, le couple signe sur-le-champ.

Quand la corde sensible ne suffit pas, l'intimidation peut aussi entrer en scène. Certaines sociétés de télésurveillance (pose d'alarme dans les maisons individuelles) font croire que des gangs organisés rôdent dans les environs. Ils en veulent pour preuve une petite croix qu'ils ont remarquée sur le portail de leurs prospects. Et pour cause : ce sont eux-mêmes qui l'ont mise !

Les vendeurs de portes blindées jouent aussi sur l'affolement de leurs victimes pour vendre leur matériel quatre à dix fois plus cher que dans le commerce traditionnel. L'émission « Sans aucun doute » (4 décembre 1998) montrait, grâce à une caméra cachée, comment les vendeurs étaient formés à l'arnaque. *« T'es là pour t'asseoir et leur coller 15 000 balles dans la gueule »*, explique la formatrice à la nouvelle recrue. *« Tu leur dis : "Vous êtes au courant des cambriolages dans le secteur ? Vous en êtes conscient ? Alors voilà, 350 F sur quarante-huit mois, c'est ce qu'on va vous demander pour votre sécurité. A de telles conditions, cela ne vaut pas la peine de s'en priver, n'est-ce pas ?" »* Et la formatrice de conclure : *« Là, on le nique. Et voilà ta vente, elle est réussie. C'est un truc qui est élaboré par les psychologues. Ça retourne tous les cerveaux. Ça échoue une fois sur trois. »*

De quoi frémir. C'est pour éviter ces manipulations que le consommateur est théoriquement protégé par la loi sur le démarchage à domicile. Elle prévoit un délai de réflexion de sept jours pour faire marche arrière après la signature du contrat, et interdit au professionnel d'encaisser tout acompte avant la fin du délai. Un bordereau de rétractation doit obligatoirement figurer sur le contrat (voir « Le petit dictionnaire de la consommation », page 196). Hélas, les professionnels malhonnêtes ne manquent pas d'astuces pour contourner ou violer la loi. Le bordereau de rétractation est parfois « oublié », le contrat est antidaté d'une semaine pour annuler le délai de réflexion, la demande d'acompte exigée immédiatement pour coincer le client. Autant de techniques bien connues des vendeurs... et malheureusement beaucoup moins de leurs victimes.

QUELQUES CONSEILS

— Quand un démarcheur sonne à votre porte, il a d'abord un objectif : entrer chez vous. Il sait alors que le plus dur est fait. C'est pourquoi les cuisinistes vous proposent par exemple des devis gratuits... à condition de venir mesurer votre cuisine. C'est à cette étape qu'il faut les éconduire. Une fois qu'ils sont entrés, cela devient beaucoup plus difficile.

— Méfiez-vous de certaines annonces dans les journaux gratuits. Les textes du genre : *« Urgent, vends meubles cause départ »*, cachent parfois des professionnels qui cherchent à démarcher des acheteurs potentiels de meubles. Vous laissez naïvement vos coordonnées, et comme par hasard, vous recevez la visite d'un démarcheur quelques jours plus tard.

— Dans les maternités, des photographes profitent du moment de confusion qui s'installe après une naissance pour proposer des photos aux mamans. Ils leur font signer un contrat qui reste souvent très flou sur les prix et les prestations. Là encore, un délai de réflexion de sept jours s'impose. La loi sur le démarchage à domicile s'étend en effet aux *« lieux non destinés à la commercialisation du bien ou du service proposé »*, ce qui est le cas dans les maternités.

— Si un parent âgé ou handicapé se fait piéger par des démarcheurs à domicile, vous pouvez attaquer la société pour « abus de faiblesse » (voir « Le petit dictionnaire de la consommation » en annexe).

GRATTER, ÇA TROMPE ÉNORMÉMENT

Dans le domaine de l'incitation douce, la Française des Jeux a du talent à revendre. Ses spots publicitaires sont si bien conçus qu'on finirait par croire que gagner 100 000 F en grattant un ticket n'est finalement qu'une question de persévérance. Résultat : le grattage est devenu un sport national, pratiqué au moins une fois par an par plus de la moitié des Français. Hélas pour les joueurs, quelques petits calculs de probabilité s'imposent. Prenons « Le Millionnaire », figure de proue des tikets de grattage (10 F). Si vous espérez gagner 100 F ou plus, ce qui paraît raisonnable, vous avez une chance sur 334. Autrement dit, autant que de retrouver un ami à qui vous donnez rendez-vous au hasard sur le quai d'une station de métro parisienne. On comprend mieux la difficulté avec ce type d'exemples...

Si vous êtes plus ambitieux, et que vous comptez gagner au moins 1 000 F au « Goal » (5 F), sachez que vous avez autant de chances de trouver du premier coup le code secret d'une carte bancaire, soit une sur 10 000. Quant à celui qui espère un jour tomber sur les trois télés du « millionnaire » — et gagner ainsi 100 000 F à 1 million de francs — il a une chance sur 250 000 d'y parvenir. C'est l'équivalent statistique de retrouver un ami à qui on a donné rendez-vous à une heure pile choisie au hasard... dans les vingt-huit années qui viennent, sans dévoiler ni l'heure, ni le jour, ni l'année ! Il y a, bien sûr, une autre solution : acheter 250 000 tickets donne une bonne probabilité de tomber sur le gros lot. Ce qui fait une dépense de 2,5 millions de francs... pour être sûr de gagner 2,5 à 25 fois moins !

Mais tout cela n'est que broutille, comparée à la botte secrète de la Française des Jeux : la répartition des gains. En moyenne, près de 98 % des lots distribués sont inférieurs à 50 F ! Or, ces sommes sont rejouées presque chaque fois. Logique, puisque le joueur a l'impression factice de se rapprocher du gros lot. Grâce à cette technique, la Française des Jeux augmente mécaniquement son chiffre d'affaires d'environ 20 %, soit près de 7 milliards de francs sur les 35 déclarés chaque année.

Quant à l'Etat, il marche main dans la main avec la Française des Jeux. Il n'a autorisé jusqu'à présent aucun concurrent à se lancer sur ce marché lucratif. Il faut dire qu'il y trouve son compte. Les prix des tickets de grattage comprennent en effet 20 à 25 % de taxes. Si bien qu'un joueur paie en moyenne un impôt supplémentaire et « volontaire » de 420 F par an. On comprend pourquoi l'ancien ministre des Finances Jean Arthuis qualifiait jadis la Française des Jeux de « poule aux œufs d'or ». Mais il ne pensait pas aux joueurs...

> QUELQUES CONSEILS
>
> — Vous pouvez calculer vos chances de gagner jeu par jeu. La répartition des jeux est disponible auprès des relations joueurs de la Française des Jeux (tél. : 01 41 10 34 56). Après calcul, vous vous apercevrez que le « Goal » est plutôt à éviter. 99,06 % des tickets gagnants sont inférieurs à 50 F. *Idem* pour « Le Millionnaire » avec 98,98 % des lots inférieurs à 50 F. « Le Morpion » (5 F) est un peu moins pernicieux : les petits gains représentent « seulement » 97,40 % des tickets gagnants.
>
> — Pour contrer la stratégie de la Française des Jeux, il faut une grande force psychologique : si vous gagnez une petite somme, ne la rejouez pas. Conservez-la pour acheter autre chose. Bon courage !
>
> — De plus en plus d'enfants achètent des tickets de grattage à la sortie des écoles. Certains peuvent, hélas, s'y accrocher comme à une drogue. Si vous êtes parent, soyez vigilant.

VOTRE VOITURE SOUS-ÉVALUÉE

Les garagistes savent aussi manipuler les clients à leur façon. Quand un particulier se présente pour revendre sa voiture, le prix qu'ils lui proposent est, en général, 15 % inférieur à celui de la cote Argus, censée représenter la valeur du véhicule. Ces 15 % se justifient : le garagiste doit remettre la voiture en état et gagner un peu d'argent dans l'opération. Le problème est ailleurs : cette fameuse cote Argus, publiée chaque semaine dans le magazine *L'Argus de l'Automobile*, apparaît très souvent inférieure aux prix réels du marché. Il suffit d'ouvrir un journal de petites annonces entre particuliers pour s'en apercevoir. Les responsables de *L'Argus* nient ce décalage (pourtant flagrant), mais refusent, au nom de leur « secret de fabrication », de dévoiler la façon dont ils procèdent pour aboutir à leurs cotes. Une chose est sûre : les professionnels de l'automobile y participent largement. Le CNPA (Conseil national des professions de l'automobile) a même installé une commission spéciale qui se tient en relation avec le journal.

L'appellation « cote officielle de *L'Argus* » ne doit pas induire en erreur. Le terme « officiel » a été attribué à la Libération lorsque le gouvernement français a chargé *L'Argus* d'évaluer les prix des véhicules détruits pendant la guerre pour indemniser leur propriétaire. Depuis, l'expression « argus » est presque devenue un nom commun comme on dit « frigidaire » ou « mobylette ».

Il existe pourtant d'autres cotes. La plupart des journaux d'automobiles en publient une : *Auto-plus*, *L'Autojournal*, *L'Automobile magazine*, *Auto-moto*... Ils se fondent le plus souvent sur des calculs mathématiques (une année fait perdre x % dans telle catégorie de véhicules) mâtinés des prix constatés sur le marché de l'occasion. L'une des cotes les plus sérieuses est sans doute celle de *La Centrale* (ex-*Centrale des particuliers*), hebdomadaire de petites annonces d'automobiles et d'immobilier. Pour une raison simple : les prix qu'elle avance sont des moyennes tirées des transactions réellement effectuées entre particuliers. Un tiers des annonceurs du journal téléphonent en effet à *La Centrale* pour interrompre la diffusion de leur annonce une fois que leur véhicule est vendu (sinon, leur annonce est publiée trois semaines de suite). Du coup, les standardistes en profitent pour demander à quel prix est partie la voiture, ce qui permet d'établir des cotes relativement fiables, modèle par modèle, au moins en région parisienne où les annonces sont les plus nombreuses.

Les différences entre les cotes de *L'Argus* et de *La Centrale* sont parfois importantes, comme en témoignent ces quelques exemples calculés en avril 1999 sur des modèles de base. Le fossé n'est pas toujours aussi grand, mais il existe. Moralité : ne cédez pas votre voiture à *L'Argus* sans réfléchir !

	L'Argus	*La Centrale*	*Différence*
Citroën XM V6 VSX, Janvier 1996 45 000 km	96 500 F	107 500 F	11 000 F, soit 11 %.
Peugeot 306 XN 1,4, 5p Janvier 1994 75 000 km	25 700 F	36 000 F	10 300 F, soit 40 %.
Renault Espace RN 2,1 DT Janvier 1995 100 000 km	72 500 F	77 000 F	4 500 F, soit 6,2 %.
Volkswagen polo 1,4, 5p Janvier 1996 45 000 km	30 400 F	37 000 F	6 600 F, soit 21 %.
Mercedes E 200 Classic Janvier 1996 45 000 km	104 000 F	135 000 F	31 600 F, soit 30 %.

QUELQUES CONSEILS

— Le prix d'une voiture d'occasion dépend de sa date de mise en circulation (au mois près), de son kilométrage, mais aussi des options qu'elle comporte (air conditionné, jantes en aluminium, airbags...). Pour obtenir une évaluation précise, il faut se reporter aux services minitel des différentes cotes : 36 15 lacentrale (2,23 F la minute), ou 36 15 argus (2,23 Fla minute)

— Si votre véhicule est dérobé ou irréparable à la suite d'un accident, votre assureur aura tendance à vous proposer un remboursement selon la cote *Argus*. Vous pouvez contester son expertise en démontrant, petites annonces à l'appui, que ce prix est insuffisant pour racheter le même modèle sur le marché de l'occasion. L'assureur garantit en effet une *« valeur de remplacement à dire d'expert »* (expression que l'on retrouve dans presque tous les contrats). Selon une jurisprudence de la Cour de cassation, ce terme représente *« le prix de revient total d'un véhicule d'occasion de même type et dans un état semblable »* (2e chambre civile, 12 février 1975).

Chapitre 5

Les pièges de la pub

Les publicités sont, en France, mal contrôlées et très peu sanctionnées. Résultat : les messages trompeurs se multiplient dans l'indifférence générale, au bénéfice des banques, établissements de crédit, industriels de l'agro-alimentaire et autres fabricants de produits miracle qui s'engouffrent dans la brèche.

L'ARGUMENT SANTÉ

« Que ton aliment soit ton médicament », disait Hippocrate. Une formule dont s'inspirent aujourd'hui les publicitaires de l'industrie agro-alimentaire. Quitte à laisser croire un peu vite aux bénéfices de leurs produits sur la santé. *« Certains opérateurs utilisent des allégations santé qui ne sont pas objectivement fondées et nuisent aux consommateurs »*, regrette un avis du Conseil national de l'Alimentation, en date de juin 1998. Peut-être, mais ça marche. Les produits associant le plaisir de manger aux promesses d'une bonne santé se vendent comme des petits pains. Les « alicaments » — contraction marketing des mots « aliment » et « mé-

dicament » — progressent de 20 % par an, et pourraient représenter 10 à 15 % du marché alimentaire dans les prochaines années.

C'est le yaourt qui a initié la tendance, avec, en 1994, la sortie de LC1, à base d'un nouveau ferment lactique appelé lactobacille acidophilus 1 (ce qui a donné LC1). Chambourcy promettait alors d'aider notre corps *« à renforcer ses défenses naturelles »*. Danone n'est pas resté longtemps sur la touche. Après avoir lancé le yaourt « Bio » qui contribuait à *« lutter contre le développement de mauvaises bactéries »*, le géant de l'agroalimentaire a récidivé en 1997 avec « Actimel », un lait fermenté appelé à devenir *« le nouveau geste santé du matin »*. Avec un nom qui fait penser à un médicament, un conditionnement en grosses capsules, et un slogan télé qui promettait d'aider *« le corps à devenir plus fort »*, le succès a été fulgurant.

Désormais, les arguments santé touchent tous les produits. Eridania-Beghin-Say fabrique du sucre à « l'actilight », un mélange de fructose et de glucose supposé réduire les cancers du côlon. La marque Matines propose des œufs aux acides gras essentiels « oméga 3 » qui contribuent, paraît-il, à prévenir les maladies cardio-vasculaires. Et ce n'est qu'un début. Au Japon, le phénomène est si répandu que l'on voit fleurir des produits qui donnent de beaux cheveux, un teint de pêche, ou des ongles magnifiques. Dernière trouvaille : du « vin de peau » censé stimuler le renouvellement cellulaire. C'est plus vendeur que du banal vin rouge.

Personne ne conteste que boire et manger est bon pour la santé. Mais de là à nous faire croire que notre santé dépend de la marque de yaourt que l'on achète, il y a un pas que l'on peut légitimement refuser de franchir. Les arguments publicitaires des fabricants sont en effet à prendre avec des pincettes. D'abord parce que les études mises en avant sont la plupart du temps financées par les industriels. Ensuite parce que tous les scientifiques savent qu'une seule étude ne suffit pas à faire une vérité générale. Pour être reconnues officiellement, les vertus d'un nouveau composant alimentaire doivent auparavant être validées par de nombreuses études aux résultats convergents. Ce qui est loin d'être le cas. Enfin parce que la Commission des Visas PP (Publicité Produit) chargée par le ministère de la Santé d'examiner le bien-fondé des arguments publicitaires liés à la santé est souvent accommodante. Quand, en 1994, Chambourcy lance LC1, son slogan *« aide votre corps à renforcer ses défenses naturelles »* est recalé par la commission. Les études du fabricant lui apparaissent alors insuffisantes. Qu'à cela ne tienne. Chambourcy transforme son slogan en *« aidez votre corps à se protéger »...* Une subtilité qui réussit à convaincre la commission.

Dans le cas du yaourt, pourtant, les choses sont simples : les deux ferments habituels ont montré leur efficacité dans la régulation du transit intestinal, autrement dit dans la prévention, voire le traitement, de la constipation et de la diarrhée. Pour le reste, les propriétés des autres ferments lactiques découverts plus récemment et incorporés dans les nouveaux « yaourts santé » sont encore sujet à discussion. Dans ces conditions, pourquoi payer trois à quatre fois plus cher des produits issus d'une innovation qui n'a pas fait la preuve absolue de sa valeur ajoutée ? Actimel, par exemple, revient à 30 F le kilo, au lieu de 8 F le kilo pour certains yaourts classiques.

Autre astuce marketing : enrichir les aliments en vitamines et en minéraux. Laits, céréales pour petits déjeuners, boissons : les produits concernés sont de plus en plus nombreux. La plupart du temps, ils sont pourtant inutiles, voire dangereux. Sur le principe, les avis des experts convergent pour expliquer que les carences en vitamines ou en minéraux sont rares en France. Elles touchent quelques populations spécifiques, comme les personnes défavorisées qui n'ont pas les moyens d'avoir une alimentation équilibrée... et pas davantage ceux de s'offrir des produits enrichis. Autrement dit, ceux qui sont en mesure de les acheter sont aussi ceux qui en ont le moins besoin. « *Pour la grande partie de la population, une alimentation équilibrée suffit largement à pourvoir les besoins quotidiens en vitamines et minéraux* », estime le professeur Jean-Louis Guéant, spécialiste de nutrition au CNRS (*Le Parisien* du 10 avril 1999). Et c'est là qu'apparaît un autre danger, mis en avant par treize experts de l'INSERM (Institut national de la Santé et de la Recherche médicale) dans un ouvrage collectif publié en avril 1999[1] : la surconsommation de vitamines et de minéraux. Trop de fer peut accélérer le vieillissement des cellules et contribuer à développer des maladies cardio-vasculaires, trop de vitamine C peut entraîner des problèmes rénaux, trop de vitamine B avoir des effets néfastes sur le cœur, trop de vitamine D devenir toxique pour le foie. « *Les vitamines ne sont pas anodines, il faut que les Français en soient conscients* », résume le Pr Jean-Louis Guéant.

Dans son numéro d'avril 1998, *Que Choisir* constatait que la consommation de certaines biscottes enrichies à la vitamine A suffisait à dépasser, à raison de huit par jour, la dose maximum fixée par le Conseil supérieur d'Hygiène publique. Avec pour consé-

1. *Carences nutritionnelles, étiologie et dépistage*, éditions Expertise collective.

quences des risques de problèmes osseux ou hépatiques. Un autre danger était mis en lumière, cette fois pour les bébés de un an qui consommeraient chaque jour 300 ml de certains laits pour bébé, enrichis en vitamines A et B9. Là encore, les doses maximales seraient dépassées, avec le risque d'endommager le système nerveux de l'enfant. Avant de lancer sur le marché des produits enrichis à grand renfort de publicité, certains fabricants feraient mieux d'y réfléchir à deux fois.

QUELQUES CONSEILS

— Méfiez-vous des entrefilets qui paraissent dans certains journaux et qui vantent les vertus de tel ou tel produit sur la santé. Ils reprennent hélas parfois mot pour mot les allégations qui figurent dans le dossier de presse du fabricant.

— La meilleure façon d'utiliser les aliments pour rester en bonne santé consiste à manger le plus diversifié et le plus équilibré possible. Cela suppose une certaine connaissance des rudiments de la nutrition, aisément accessible dans de nombreux ouvrages grand public.

— Certaines catégories de population risquent effectivement des carences. C'est le cas des végétariens, des femmes enceintes et des enfants de moins de deux ans qui peuvent manquer de fer. De même, les malades et les personnes âgées peuvent manquer de minéraux et de vitamines. Mais avant de se laisser tenter par des produits enrichis, il est préférable d'aller consulter un médecin nutritionniste.

LES PRODUITS MIRACLE

Ouvrez un magazine de programmes télé. Vous ne manquerez pas d'y trouver une ribambelle de publicités vantant les mérites de telle gélule ou boisson miracle. Avec, parfois pour les appuyer, des « confidences » de stars grassement rémunérées. Ces produits, que l'on appelle compléments alimentaires, promettent toujours monts et merveilles : maigrir, être en bonne santé, avoir du tonus... Il en existe des centaines, que l'on retrouve souvent en pharmacie et qui se développent à la vitesse grand V. Leur prétendues vertus sont, la plupart du temps, fantaisistes, mais leurs pages de pub, elles, sont bien réelles. Pour comprendre comment une telle aberration est possible, il faut se placer du côté de l'annonceur, qui connaît tous les rouages pour échapper aux sanctions. Première astuce : il évite soigneusement de présenter son texte à la Commission du ministère de la Santé chargée d'évaluer les slogans publicitaires liés à la santé, dont nous avons parlé plus haut. *« On ne peut rien faire contre ceux qui ne nous soumettent pas leur dossier »,* se plaint un ancien président de cette commission. *« Nous avons déjà essayé de les poursuivre, mais, en bout de course, les sanctions étaient tellement ridicules que nous avons préféré ne pas renouveler l'expérience. »*

La stratégie de l'indifférence porte aussi ses fruits dès qu'il s'agit d'homologuer une nouvelle substance. Selon la loi française, tout produit intégrant un nouveau composant doit préalablement être soumis au Conseil supérieur d'Hygiène publique (CSHP). En cas de danger pour la santé, celui-ci peut alors interdire la commercialisation du produit. Résultat, nombre de fabricants préfèrent se passer de cette étape. Seul risque pour eux : que la Répression des fraudes s'aperçoive du pot aux roses lors d'un contrôle, ce qui est rare. Pour les consommateurs, le risque est, en revanche, plus important. Certains composants peuvent en effet se révéler dangereux. Chaque année, l'administration retire du marché des compléments alimentaires contenant des substances non autorisées, ou ayant subi un avis défavorable du Conseil supérieur d'Hygiène publique. Elle est le plus souvent alertée par des consommateurs qui ont constaté des réactions allergiques parfois graves. Mais pour un ou deux produits découverts, combien restent en vente ?

En dehors du danger qu'elles font courir, ces substances dites miracle se révèlent presque toujours inefficaces. Elles contiennent le plus souvent des extraits de plantes, de fruits, d'arbres, de terre (d'argile notamment) ou même de carapaces de crustacés totalement inintéressantes sur le plan nutritionnel.

En théorie, les publicités des compléments alimentaires peuvent aussi être contrôlées *a posteriori*. Chargée de faire la police, la Commission de Contrôle de la Publicité pour les Objets, Appareils et Méthodes présentés comme bénéfiques pour la santé (!) dispose de moyens dérisoires. Elle n'est composée que de bénévoles, n'a droit qu'à une secrétaire, et surtout se contente d'attendre d'être saisie par des associations de consommateurs pour agir. Dans les cas flagrants de publicité bidon, son action se limite à demander des explications à l'annonceur. Celui-ci a un mois pour réagir. Si ses arguments ne sont pas convaincants, il peut être contraint à modifier son message publicitaire... plusieurs mois après sa diffusion. Dans le pire des cas, la commission peut lui interdire toute nouvelle publicité sur son produit, mais il lui suffit alors de changer l'adresse de son siège social pour que toute la procédure soit à refaire. L'association de consommateurs UFCS (Union féminine civique et sociale) a tenté l'expérience. Pendant deux ans (de 1995 à 1997), elle a transmis au ministère de la Santé ainsi qu'à la Répression des fraudes 112 dossiers de publicités fantaisistes. Seuls vingt d'entre eux ont débouché sur une procédure. Sans commentaire.

Quant au BVP (Bureau de Vérification de la Publicité), société privée chargée de donner son label aux journaux qui font appel à lui, son rôle se limite à quelques avis symboliques. Malgré son nom, le BVP ne vérifie nullement les arguments des annonceurs, et de ce point de vue, ressemble davantage à une chambre d'enregistrement qu'à une réelle instance de contrôle. Comme le reconnaît son service juridique dans une lettre adressée à un particulier mécontent : « *La véracité des informations et justifications fournies par l'annonceur quant aux caractéristiques du produits reste sous son entière responsabilité.* »

Et voilà comment on retrouve jusque dans l'enceinte des pharmacies des panneaux publicitaires ou des dépliants aux slogans aussi audacieux que « *Attire jusqu'à douze fois son poids en graisse* » (Absorbitol), « *Mangez régime... sans faire de régime* » (Fat blocker), ou « *Mangez sans arrière-pensée* » (Exo'fat), où l'on voit une jeune femme aux yeux gourmands s'apprêter à dévorer un bon gros gâteau à la crème.

Les publicités bidon pour maigrir sans effort, guérir de l'acné ou arrêter de fumer ont donc encore de beaux jours devant elles. D'autant que les sociétés supposées sérieuses poussent elles aussi le bouchon un peu loin. Les études qu'elles mettent en avant pour justifer leurs allégations laissent parfois à désirer. Affirmer que 30 % des femmes ayant utilisé telle ou telle crème ont pu constater une diminution de leur tour de cuisse de 1,5 centimètre, ou que 60 % des hommes ayant utilisé telle lotion ont vu leur perte de cheveux diminuer, n'est pas un argument valable. Tout le monde sait en effet que l'effet psychologique (appelé effet placebo) joue à plein, et que le seul fait d'essayer une nouvelle crème peut inciter les « cobayes » à faire plus attention à leur ligne ou à s'autoconvaincre d'une amélioration. On sait aussi qu'une marge d'erreur est possible sur les résultats, et que s'ils ne sont pas satisfaisants, le fabricant peut les refaire à l'infini jusqu'à ce qu'ils finissent par se révéler « probants ». Il faut enfin un minimum de tests pour vérifier le bien-fondé d'une affirmation. Autant d'éléments peu familiers aux consommateurs, et parfois même des médecins qui se laissent convaincre par les démarcheurs et qui deviennent eux-mêmes prescripteurs. Un exemple suffit d'ailleurs à mesurer la nécessité d'interpréter les chiffres des fabricants avec prudence. Pour vendre leur crème amincissante « Glucoblock », les laboratoires Vichy avancent des *« résultats prouvés sous contrôle médical »* avec *« une perte moyenne de 1,9 centimètre du tour de cuisse »*. Or, à y regarder de plus près, les tests en question souffrent d'une lacune rédhibitoire : les 55 femmes « cobayes » ont toutes utilisé la vraie crème. Pour arriver à une conclusion valable, il aurait fallu réaliser ce test sur deux groupes différents : le premier aurait appliqué le vrai produit. Le second aurait testé (sans le savoir) un substitut sans principe actif. Compte tenu de l'effet psychologique évoqué plus haut (et qui peut agir dans 18 à 60 % des cas), la crème n'aurait été jugée efficace qu'à une condition : que le premier groupe obtienne de bien meilleurs résultats que le second. Mais on ne le saura jamais... Cette méthode est d'ailleurs obligatoire pour les médicaments. On le voit, le consommateur n'est jamais capable de mesurer seul la validité d'un slogan publicitaire. Et compte tenu des failles dans le contrôle des pouvoirs publics, une solution s'impose : la méfiance systématique.

QUELQUES CONSEILS

— Avant d'acheter un produit qui vous promet la forme, la santé, la repousse des cheveux, l'amincissement, etc., regardez bien son emballage. S'il a suivi les procédures normales, la commission du ministère de la Santé lui a forcément attribué un visa PP (Publicité Produit) dont le numéro figure généralement sur le côté ou au dos de l'emballage. Mais les visas PP sont rares : ils représentent, selon l'association de consommateurs UFCS, moins de 10 % des produits qui auraient dû le demander.

— La meilleure garantie de l'effet bénéfique d'un produit sur la santé demeure l'Autorisation de Mise sur le Marché (AMM) délivrée par l'agence du médicament. C'est la procédure que suit un fabricant lorsqu'il est sûr de son produit, car cela renforce sa crédibilité. Le numéro d'AMM figure alors sur l'emballage.

— Si vous êtes victime de conséquences graves liées à l'utilisation d'un produit dont vous aviez vu la publicité dans des journaux, n'hésitez pas à saisir la Répression des fraudes. Les procédures sont longues, mais après enquête, elle pourra retirer du marché les produits en question.

— Méfiez-vous des dépliants publicitaires présents en grand nombre dans les pharmacies pour vanter les mérites de tel ou tel produit miracle. Leur présence dans un lieu supposé sérieux ne leur donne aucun gage supplémentaire de crédibilité. De ce point de vue, les pharmaciens se comportent, hélas, comme des commerçants. Ce type de produits leur offre en effet une marge nettement supérieure à celle des médicaments qui est, elle, réglementée sévèrement.

— En ce qui concerne les publicités pour maigrir, elles ne disent jamais l'essentiel : la meilleure façon de perdre du poids consiste à avoir une alimentation équilibrée en quantité moindre que d'habitude. La plupart des nutritionnistes le disent : ingurgiter des produits miracle, comme les susbtituts de repas, fait (peut-être) perdre du poids sur le moment, mais les kilos reviennent très vite et de surcroît en quantité supérieure à la situation précédente. Pour une raison simple : pendant la diète, le corps s'habitue à dépenser moins d'énergie. Et cette habitude, il la garde quand vous reprenez une alimentation normale.

VOTRE ARGENT LES INTÉRESSE

Les publicités financières doivent se lire à la loupe. Et pour cause : les informations les plus importantes, celles qui permettent de comparer un produit par rapport à un autre, sont presque toujours inscrites en caractères minuscules, voire à la verticale.

Les publicités pour les crédits sont, à cet égard, caricaturales. Le taux d'intérêt, indiqué en gros, est souvent trompeur. Pour une raison simple : il ne tient compte ni des frais de dossier, ni des assurances décès obligatoires. Or, le coût de ces deux éléments peut varier du simple au double selon les établissements. Pour comparer, il faut donc les intégrer dans le calcul du taux. C'est pourquoi la loi du 13 juillet 1979 oblige les publicitaires à indiquer le taux effectif global du prêt (le TEG) qui comprend le taux de base, auquel on a ajouté les frais de dossier et les assurances obligatoires. Ces précisions n'ont rien de symbolique. Un taux de base de 5 % (affiché en gros) peut correspondre à un TEG de 8 % (affiché en petit)... ou de 6 % selon les cas. La différence n'est pas négligeable et se fera sentir sur le coût total du crédit qui doit lui aussi figurer sur les publicités. Des obligations que certains ont tendance à oublier. Le Crédit Lyonnais fut ainsi condamné en juin 1998 à supprimer une publicité pour l'un de ses crédits. Dans sa décision, le tribunal d'instance de Rennes fait valoir que « *le taux effectif global est porté en caractère de petite taille, lisible uniquement en renversant la publication, de telle manière qu'un consommateur attentif ne puisse le distinguer* ».

Certains établissements s'en sortent par une autre pirouette : ils indiquent le TEG mensuel... au lieu du TEG annuel. Résultat psychologique garanti : annoncer 1 % de taux mensuel au lieu de 12 % annuel a tendance à moins effrayer le chaland, même si les deux informations sont rigoureusement identiques. Pour éviter ces manipulations, les pouvoirs publics ont décidé, en janvier 1999, d'obliger les banques à indiquer le taux effectif global à la fois sous sa forme mensuelle et annuelle. Mais cette obligation est loin d'être respectée.

Attention également aux publicités du type « payez en dix fois pour seulement 2 % de plus ». Ce slogan, tiré en l'occurrence d'un dépliant du BHV distribué en mars 1999, peut laisser croire que le taux d'intérêt est de 2 %. En réalité, les 2 % mis en avant constituent une somme globale à payer au moment de l'achat. En taux d'intérêt, sur dix mois, elle correspond à 4,64 %. Un chiffre que personne ne peut deviner sans utiliser une calculatrice financière et qui devrait, théoriquement, être indiqué sur les affiches. Le BHV l'a fait, mais en petits caractères. Et il n'est pas rare de voir le vrai taux purement et simplement « oublié ».

Les annonces de crédit immobilier à taux cassé peuvent aussi induire en erreur. Il s'agit presque toujours de taux variables qui évoluent chaque année selon un indice financier fixé par avance. Certains établissements spécialisés annoncent des taux imbattables, sans préciser qu'il s'agit d'une promotion... qui ne dure qu'un an ou deux. Pour le savoir, il faut généralement lire (et savoir décrypter) le texte relié à l'inévitable astérisque figurant à côté du taux. On y apprend, en caractères minuscules, que le taux varie selon un indice financier (souvent l'Euribor, dont les initiales signifient en anglais : taux interbancaire offert en Europe), auquel l'établissement ajoute sa propre marge. Or, quand on calcule la somme « Euribor + marge », on tombe sur un taux supérieur à celui qui apparaît en gros sur la publicité. Explication : il s'agit d'un taux d'appel, bradé pour attirer le chaland, et qui augmentera automatiquement au bout d'un an, même si l'indice financier de référence ne bouge pas. En février 1999, l'établissement Abbey National proposait ainsi des taux à 3,65 %. Un an plus tard, si l'indice de référence n'avait pas changé, le taux passait à 4,45 %, voire 4,95 %. Une pratique qui n'est pas illégale, mais pour le moins opaque. Et que l'on retrouve sous des formes similaires à La Hénin, la Caixa Bank, la banque Woolwich, ou l'UCB.

Les publicités financières ne concernent pas seulement les crédits, mais aussi les placements. Là aussi, à prendre avec précaution. La grosse ficelle, d'abord, consiste à vanter les mérites d'une Sicav ou d'une assurance-vie, en s'appuyant sur les performances formidables des années passées... qui ne préjugent évidemment en rien de celles qui viendront. Les périodes considérées sont, dans le meilleur des cas, indiquées en tout petits caractères. Plus subtile, une autre astuce, utilisée dans le passé par la Poste pour ses produits Forfaylis, consiste à indiquer le rendement garanti sur cinq ou dix ans, et non pas sur une année. Annoncer par exemple un gain de « 81 % sur dix ans » apparaît impressionnant. Un rapide calcul donne l'impression que l'on gagne 8,1 % par an. En réalité, dans ce cas de figure, les intérêts annuels sont limités à 6,1 %, un chiffre que seul un spécialiste financier est en mesure de calculer. Les intérêts s'accumulent en

QUELQUES CONSEILS

— Si vous faites le tour des banques pour comparer les prêts, demandez toujours le TEG (taux effectif global) qui s'applique à votre demande selon son montant et sa durée. C'est le seul pourcentage qui vous permettra de comparer les offres d'un établissement à un autre.

— Avant de souscrire un crédit, vous avez le droit de consulter l'offre : *« Les professionnels vendeurs ou prestataires de service doivent remettre à toute personne intéressée qui en fait la demande un exemplaire des conventions qu'ils proposent habituellement »* (article L-134-1 du Code de la consommation).

— Après la signature de votre emprunt, vous disposez d'un délai légal de rétractation de sept jours. Les fonds ne sont pas débloqués avant. C'est pour l'avoir oublié dans leur publicité que trois sociétés de vente de crédit par téléphone (Cofidis, Cofinoga et News Bank) ont été condamnées par le tribunal de grande instance de Nanterre en septembre 1998. Elles promettaient des crédits en 24 ou 48 heures, ce qui, compte tenu du délai légal de rétractation, est impossible.

— Attention aux publicités télévisées sur les crédits. Les informations légales (TEG et coût du crédit) défilent à toute allure en petits caractères en bas de l'écran. Le seul moyen de les lire est souvent d'enregistrer le spot au magnétoscope et de revoir le tout... au ralenti.

effet chaque année, et on aura bien 81 % au bout de dix ans. Mais seul le taux annuel de 6,1 % donne une information valable, puisqu'il permet de comparer le rendement d'un produit par rapport à un autre. Et c'est justement celui-là qui ne figure pas...

Dernière mise en garde : vérifier que le taux promis tient compte des frais d'entrée prélevés au moment de la souscription. Ce n'est pas toujours le cas, alors qu'ils peuvent atteindre 5 % !

LE MEILLEUR PRIX N'EST PAS TOUJOURS... LE MEILLEUR

Nous sommes les moins chers ! Pour faire croire à ce beau mensonge, les distributeurs de hi-fi et d'électroménager ont inventé ce qu'ils appellent « la garantie du meilleur prix », dont ils ne se privent pas de faire la plus grande publicité. La promesse porte mal son nom. Car elle consiste, non pas à s'engager à pratiquer les prix les moins chers du marché, mais, de façon beaucoup plus subtile, à rembourser la différence à celui qui trouverait moins cher ailleurs. Ce faisant, les magasins espèrent que leurs clients franchiront le pas de l'achat sans culpabilité.

« Nous sommes les moins chers », laissent donc entendre les grands distributeurs. Vrai et faux à la fois. Vrai parce que les prix de l'électroménager et du matériel audiovisuel sont très souvent... identiques partout. Autrement dit, il est rare de trouver des différences sur les nouveaux produits ce qui, au passage, pose la question d'une vraie concurrence en France. Faux, parce qu'il arrive quand même que l'on trouve des écarts de prix sur des produits en perte de vitesse, que certaines enseignes bradent plus vite que d'autres. De ce point de vue, aucun magasin ne peut se targuer d'être le moins cher sur toutes les références. Une petite tournée dans plusieurs d'entre eux montre bien vite qu'un distributeur X peut être imbattable sur une référence et hors de prix sur une autre. Moralité : comparer reste très utile. D'autant que les magasins d'une même enseigne peuvent pratiquer des prix différents. Exemple : sur soixante-cinq téléviseurs vendus début février 1999 à la Fnac des Ternes à Paris et à la Fnac de Strasbourg, les enquêteurs de l'IFR (Institut français de la Recherche, un organisme privé qui relève les prix pour les professionnels) ont constaté des différences sur quatorze références, soit plus d'un modèle sur cinq proposés. Certains écarts sont loin d'être négligeables, comme le Toshiba 40PW8DG, vendu 24 990 F à Strasbourg et 19 990 F à Paris. Ou, *a contrario*, le Philips 28PW6322, proposé à 5 490 F à Paris mais 4 790 F à Strasbourg. Pourtant, dans ses documents publicitaires, la Fnac affirme qu'elle *« réactualise ses prix en permanence, afin de toujours vendre au meilleur prix »*. Elle manque peut-être d'information...

De tels écarts au sein d'une même enseigne peuvent exister chez la plupart des distributeurs. Chez Carrefour, par exemple, c'est le siège qui fixe un prix plancher. Mais chaque directeur de magasin est libre d'ajuster ses prix en fonction de la concurrence locale.

D'où la clause que l'on retrouve dans toutes les garanties de remboursement : la comparaison de prix doit s'effectuer dans un rayon d'environ trente kilomètres. Dans notre exemple, un client qui aurait acheté son téléviseur au prix fort à la Fnac de Strasbourg ne pourrait pas se faire rembourser sur la base des prix pratiqués à Paris... Autre limite, annoncée notamment par Continent ou le magasin de micro-informatique Surcouf : la vente à perte. Le magasin prévient qu'il ne remboursera pas la différence si le prix trouvé moins cher aboutit pour lui à vendre à perte. Cette clause est inattaquable, car la vente à perte est interdite en France (sauf en période de soldes). Mais elle permet au magasin, qui en est le seul juge, d'utiliser cet argument à chaque fois que cela l'arrange. Chez Surcouf, plusieurs clients se sont ainsi vu opposer cette clause par écrit pour justifier un refus de remboursement.

Enfin, la plupart des enseignes (à l'exception de Carrefour et de Continent) demandent, avant de rembourser la différence, des conditions de service identiques dans le magasin moins cher. Autrement dit, pas question de rembourser un produit garanti deux ans en se fondant sur le prix du même produit garanti un an seulement... Là encore, cette clause est logique, mais elle peut aussi être interprétée de façon très large en faveur du magasin. D'une enseigne à l'autre, les services (livraison, après-vente...) ne sont en effet jamais strictement identiques.

QUELQUES CONSEILS

— Si, après un achat, vous trouvez moins cher ailleurs, demandez au vendeur une « facture proforma », c'est-à-dire un devis. C'est le sésame qui vous permettra de vous faire rembourser auprès du magasin initial.

— Attention aux délais : la plupart du temps, vous avez entre sept jours (chez Continent) et trente jours (chez Conforama, Auchan, Darty...) pour trouver moins cher. Après, il est trop tard.

— Il arrive aussi que des différences apparaissent quelques jours après votre achat... dans le même magasin. Pour une raison simple, les produits audiovisuels se démodent au bout de quelques mois (ils sont remplacés par de nouveaux modèles), ce qui fait automatiquement baisser les prix. Certaines enseignes, comme Boulanger, Conforama, Carrefour et Darty, garantissent alors le remboursement de la différence. Les autres sont muets sur la question.

— Faites vos achats de préférence dans des zones où la concurrence fait rage, ce qui tire les prix vers le bas. Les déstockages sont aussi propices aux réductions, même s'ils ne sont pas toujours mis en évidence pour ne pas froisser les fabricants (qui n'aiment pas voir leurs produits dévalorisés). Deux périodes de prédilection : juin et novembre-décembre. C'est à ce moment-là, généralement, que les nouvelles gammes des fabricants viennent de sortir et que les magasins tentent de se débarrasser des anciens modèles.

LA PUB ENVAHIT L'ÉCOLE

Depuis quelques années, la publicité va se nicher jusque dans les écoles. De la maternelle aux lycées, les enseignants sont de plus en plus sollicités par les grandes marques. Les industriels leur proposent en effet des « coffrets pédagogiques » gratuits, comprenant livres, diapositives ou bandes dessinées, voire cassettes vidéo et CD-Rom. Officiellement destinés à illustrer les cours, ces supports servent aussi à faire discrètement la pub des fabricants auprès d'un public malléable : les enfants. Et avec la caution la plus crédible qui soit, l'Education nationale. Tous les secteurs sont couverts, de l'alimentation à la santé en passant par la vie quotidienne ou l'environnement. Des exemples ? Les magasins Leclerc proposent un kit euro pour familiariser les enfants aux changements provoqués par la monnaie unique. La marque de dentifrice Colgate met à disposition une mallette pédagogique sur l'hygiène bucco-dentaire (... avec des échantillons remis gracieusement aux élèves). Les Caisses d'Epargne proposent une initiation au crédit, Vivendi (ex-Générale des Eaux) offre un mini-laboratoire permettant de procéder à des expériences sur l'eau. Et on pourrait continuer. Il sort chaque année une centaine de nouveaux coffrets similaires. Les entreprises n'hésitent pas à y mettre tous les moyens nécessaires : réalisation de petits films, appels à des professeurs pour « valider » l'intérêt pédagogique du produit, envoi de commerciaux dans les écoles pour convaincre les enseignants, voire de conférenciers pour animer les cours... Tout cet argent n'est évidemment pas dépensé dans un but purement philanthropique. Les dividendes attendus sont considérables. D'abord parce que le nom de la marque figure sur les kits pédagogiques. Les enfants s'y familiarisent. Ils l'associent à un gage de sérieux d'autant plus grand qu'elle apparaît dans un cadre scolaire. « *On nous utilise* », se lamente une institutrice. « *Mais nous n'avons pas le choix. L'Education nationale n'a pas les moyens de nous fournir du matériel aussi coûteux. Même sur un thème aussi important que l'euro, nous avons dû accepter les coffrets d'entreprises privées.* »

Pour les grands groupes, il s'agit d'un investissement à long terme. Les enfants sont de futures proies. Que valent quelques centaines de milliers de francs nécessaires à la conception d'un coffret face aux millions investis chaque année dans la publicité directe ? Comme le reconnaît un fabricant, entrer dans les écoles permet de « *travailler les enfants là où ils se trouvent huit heures par jour, de conquérir les consommateurs avec du potentiel, du temps devant eux* » (*Le Monde* du 14 septembre 1998).

Cerise sur le gâteau : les effets de cette publicité déguisée peuvent aussi se faire sentir immédiatement sur les ventes. Selon l'Institut de l'Enfant, les parents demandent l'avis de leurs enfants pour plus de la moitié des achats de la famille. De plus, les moins de dix-sept ans disposent d'un pouvoir d'achat élevé. Leur argent de poche représente 22 milliards de francs par an.

Enfin, le procédé permet aux entreprises de maîtriser le message adressé aux enfants dans leur domaine d'activité. EDF offre des kits pédagogiques sur l'énergie nucléaire... sans les arguments antinucléaires. Coca-Cola a créé, il y a quelques années, un coffret sur le fonctionnement des entreprises dans lequel le rôle des syndicats est tout simplement passé sous silence.

A la lumière de tous ces éléments positifs, on

QUELQUES CONSEILS

— Apprenez à votre enfant à développer son esprit critique vis-à-vis des marques et de la publicité. S'il vous suggère d'acheter tel ou tel produit, essayez de savoir pourquoi. Et discutez-en avec lui. La pub à l'école peut avoir un effet pédagogique... au moins sur l'esprit critique des enfants.

— Si vous êtes mécontent de tel ou tel coffret pédagogique utilisé en classe (que vous trouvez incomplet ou partisan), n'hésitez pas à mettre le sujet sur la table, en en parlant aux délégués des parents d'élèves. Ils pourront s'en entretenir avec l'enseignant. Les professeurs ont en effet un rôle fondamental à jouer pour aider les enfants à décrypter les messages.

— L'Institut national de la Consommation (INC) a décidé de sélectionner les meilleurs kits pédagogiques en fonction de plusieurs critères, notamment l'objectivité des informations et la discrétion des logos. La sélection est accessible sur minitel (3615 INC, 2,23 F la minute) et sur Internet (www.conso.net), rubrique Pédagothèque.

comprend mieux pourquoi de grandes entreprises ont mis sur pied des « départements pédagogiques » chargés de concevoir des kits à l'intention des enseignants. Des sociétés de communication proposent même d'en sous-traiter la fabrication.

Seul petit hic : la publicité à l'école est théoriquement... interdite. Le ministère de l'Education nationale l'a rappelé à de nombreuses reprises par l'envoi de circulaires aux proviseurs. La dernière en date remonte à avril 1995. Elle précise que *« les chefs d'établissement, les directeurs d'école et les enseignants ne doivent en aucune manière favoriser des pratiques commerciales ou publicitaires durant les activités scolaires »*. En pratique, ce beau principe de neutralité n'est pas appliqué. Et le ministère de l'Education ferme les yeux. La publicité à l'école prend donc chaque année de nouvelles formes : petits déjeuners offerts par Danone ou Nestlé, distribution d'Orangina dans les cantines, animation du clown McDonald lors des fêtes de fin d'année, agendas gratuits mais truffés de pages de pub, et même panneaux d'affichages à l'intérieur des lycées ! Jusqu'où ira-t-on ? Aux Etats-Unis, des chaînes câblées diffusent gratuitement des programmes pédagogiques dans les classes, entrecoupés de plusieurs minutes de spots publicitaires obligatoires. Nous n'en sommes pas loin.

Chapitre 6

Ce que disent vraiment les étiquettes

Depuis la crise de la vache folle, les consommateurs exigent une meilleure information sur leurs produits alimentaires, c'est-à-dire un étiquetage plus précis et plus fiable. Mais cette exigence n'est pas toujours entendue. Labels, additifs, organismes génétiquement modifiés : aujourd'hui, pour comprendre, il faut savoir lire entre les lignes.

VRAIS ET FAUX LABELS

Comment vendre un produit alimentaire ? Pour séduire les consommateurs, les professionnels du marketing ont inventé les labels : Appellation d'origine contrôlée, Critère qualité contrôlée, Produits de l'année, Filière qualité, Sélection qualité, Label Rouge, Vert, Jaune... les appellations se multiplient. Et ça marche. Selon un sondage Louis-Harris effectué en septembre 1998, 82 % des Français considèrent les labels et les certifications comme synonymes de garantie sur la qualité.

L'ennui, c'est qu'ils n'ont pas toujours raison, car tous les labels ne méritent pas le détour. Première erreur : confondre origine contrôlée et qualité contrôlée. L'exemple le plus flagrant concerne les Appellations d'origine contrôlées, les fameuses AOC, que l'on retrouve surtout pour les vins et les fromages. Elles distinguent, selon la définition officielle, les aliments *« dont la production, la transformation et l'élaboration doivent avoir lieu dans une aire géographique déterminée avec un savoir-faire reconnu et constaté »*. Si le texte évoque un « savoir-faire » (terme flou par excellence), il ne dit rien de la qualité. Le crottin de Chavignol ou le roquefort sont des appellations contrôlées. Pourtant, leur qualité diffère fortement d'une marque à l'autre. Même chose pour les vins qui représentent l'écrasante majorité des AOC. Tout le monde reconnaît aujourd'hui que l'on y trouve le meilleur comme le pire. Les procédures d'agrément s'apparentent souvent à de véritables passoires. Logique : les juges sont des viticulteurs de la région ! Ce sont eux qui goûtent les nouveaux millésimes. De surcroît, ils le font plusieurs mois avant la mise en bouteille. Le vin a donc encore le temps de subir des altérations. Enfin, l'agrément est accordé une fois pour toutes. Or, un vin peut se dégrader en un an ou deux, d'autant que les trafics (ajouts de sucre, de colorants, d'acidifiants...) ne manquent pas dans le secteur, comme en témoignent les affaires de fraude qui défraient régulièrement la chronique. Résultat de ce manque de rigueur : les vins AOC représentent aujourd'hui la moitié de la surface en vigne de la France ! Le nombre de bouteilles agréé a été multiplié par trois en trente ans. Conscient du problème, l'INAO, l'Institut national des Appellations d'origine, tente de redorer son blason en demandant à ses représentants d'être plus sévères sur les procédures d'agrément. Mais il sera bien difficile de se défaire des habitudes locales de complaisance.

Comme si cela ne suffisait pas, trois logos européens ont vu le jour en octobre 1998 : l'« Appellation d'origine protégée », l'« Indication géographique protégée » et la « Spécialité traditionnelle garantie ». Leur point commun : garantir l'origine du produit… mais toujours pas sa qualité. De quoi alimenter la confusion des consommateurs. Même remarque pour l'appellation « Produit de montagne » dont le logo se borne à garantir une fabrication en altitude (plus de 700 mètres) avec des matières premières locales. Et alors ?

Deuxième erreur à ne pas commettre : confondre conformité et qualité. La mention « Certifié Atout Qualité » que l'on voit fleurir un peu partout en est un bel exemple. Les producteurs qui l'affichent ont obtenu un « certificat de conformité » qui garantit une seule chose : que leurs promesses sont respectées. Tout dépend donc des promesses en question. Elles sont adressées à une commission mise en place par les pouvoirs publics, et leur seul impératif est d'aller au-delà des exigences de base applicables à ce type de produits. Les nouvelles garanties sont ensuite indiquées sur l'étiquette. Problème : en dehors des spécialistes de la question, personne ne sait exactement mesurer l'avantage mis en avant. Par exemple, un poulet dont l'élevage serait garanti « en plein air » n'est pas forcément un bon poulet. D'autres critères, comme l'alimentation et la durée de vie, sont beaucoup plus importants. « Certifié Atout Qualité » demeure donc difficilement décryptable par le commun des mortels.

En réalité, deux labels officiels méritent vraiment le détour. Le premier est le Label Rouge. Il touche essentiellement la volaille, la viande, la charcuterie et les produits laitiers. Son cahier des charges diffère radicalement des conditions de production habituelles : pas d'antibiotiques pour doper la croissance, pas de farines animales (qui peuvent contenir n'importe quoi et qui sont encore utilisées pour les poulets élevés en batterie, comme le scandale de la dioxine en Belgique l'a révélé au grand jour en juin dernier), conditions de vie moins stressantes pour les animaux. Les vaches, par exemple, doivent vivre en pâturage les trois quarts de l'année. Les poulets sont élevés à 10 par mètre carré (au lieu de 22 en batterie !), et vivent environ 80 jours (au lieu de 40). A partir du quarantième jour, ils ont accès à un parcours en plein air de deux mètres carrés chacun. Tous ces points sont vérifiés au moins deux fois par an par un établissement de contrôle indépendant des producteurs. Bref, le Label Rouge a une certaine légitimité. D'autant que, contrairement aux procédures d'agrément des AOC, les consommateurs y sont associés. Leurs représentants siègent en effet à la Commission nationale des Labels et des Certifications qui s'assure de la rigueur du cahier des charges.

Autre label digne d'intérêt : le logo vert et blanc « AB », pour « Agriculture biologique ». Il est attribué par le ministère de l'Agriculture aux produits qui suivent des règles très contraignantes de production : pas de fertilisants chimiques, pas d'antibiotiques, pas de farine animale (la nourriture des animaux doit être biologique), pas de pesticides (ils sont remplacés par des insectes prédateurs), des méthodes de travail naturelles (recyclage, rotation des cultures...). Chaque producteur est contrôlé au moins une fois par an. Le logo AB concerne les fruits, les légumes et la viande, mais les produits transformés (pain, yaourt, barres aux céréales, plats cuisinés...) peuvent aussi y prétendre à condition de contenir au moins 95 % d'ingrédients bio. Entre 70 % et 95 %, le producteur n'a pas droit au logo AB, mais il peut signaler le pourcentage d'ingrédients bio

QUELQUES CONSEILS

— Ne vous fiez pas aux allégations du type « élu produit de l'année par des consommateurs ». Il s'agit d'une pure opération commerciale, mise en place chaque année par une société de marketing. Le principe est simple : les fabricants font acte de candidature dans l'une des vingt-huit catégories proposées (fromage, boisson, chocolat, hygiène...). Les organisateurs sélectionnent cinq articles par catégorie. Puis on demande à 8 000 foyers représentatifs de la population française de choisir à chaque fois le premier des cinq. Pour les aider, on leur envoie un beau catalogue photo... mais pas les produits eux-mêmes ! Moralité : les « produits de l'année » ont surtout un beau design.

— Un nouveau logo a fait son apparition en 1997 à l'initiative des professionnels de la viande bovine : le « Critère Qualité contrôlée » qui a fait l'objet d'une campagne de publicité télévisée. On y retrouve une partie des critères du Label Rouge, mais une partie seulement. D'où la réaction négative des associations de consommateurs qui y ont vu *« une marque commerciale et rien d'autre »*. Mieux vaut donc préférer le Label Rouge.

— Méfiez-vous des expressions « produit naturel », « du terroir », « de tradition ». Elle n'ont aucune définition légale.

— Concernant les vins, si l'absence d'AOC est souvent synonyme de médiocrité, sa présence n'apporte aucune garantie. Pour bien choisir son vin, quelques éléments peuvent aider. Les bouteilles « Château quelquechose » ou « domaine quelquechose » signifient que le vin vient d'une seule et même propriété, ce qui est préférable aux bouteilles qui contiennent des cuvées mélangées. Ne confondez pas les termes de « grand cru » ou « cru classé » avec « cuvée réservée » ou « réserve personnelle ». Les premiers sont un signe officiel de qualité, les seconds ne veulent strictement rien dire.

sur l'emballage. En dessous, aucune allusion à l'agriculture biologique n'est permise.

Que ce soit pour le logo AB ou le Label Rouge, les règles sont donc de nature à inspirer confiance. D'autant que les contrôles internes aux deux filières viennent s'ajouter à ceux des pouvoirs publics (Répression des fraudes et services vétérinaires). Si des infractions sont toujours possibles, notamment dans la filière bio (comme l'a montré *60 millions de consommateurs* en avril 1999), les producteurs ont intérêt à se débarrasser des brebis galeuses au plus vite pour préserver leur réputation. Revers de la médaille : les contraintes supplémentaires qui pèsent sur ces produits ont inévitablement une incidence sur les prix, souvent 20 à 80 % plus élevés que ceux des produits classiques. Ce qui exclut, hélas, les ménages les plus modestes.

CES ADDITIFS QUI INQUIÈTENT

Une pincée de E 100 ? Un soupçon de E 162 ? Une goutte de E 120 ? Les additifs se mangent désormais à toutes les sauces. Depuis dix ans, leur présence augmente en moyenne de 4 % par an en Europe. Des émulsifiants et stabilisants (qui rendent les mélanges homogènes) aux conservateurs et antioxigènes (qui permettent une plus longue conservation), en passant par les édulcorants (qui donnent un goût de sucre), les colorants, les épaississants, les gélifiants... on compte au total 24 catégories d'additifs, qui utilisent 350 substances naturelles ou synthétiques autorisées en Europe. Officiellement, ces additifs sont sans danger. Ils sont d'abord testés sur des animaux pour lesquels on détermine le seuil limite au-delà duquel ils deviennent toxiques. Ce seuil est ensuite divisé par 100 pour aboutir à la dose journalière acceptable pour l'homme. L'ennui, c'est qu'en raison de la présence croissante des additifs dans les produits alimentaires, cette dose limite risque parfois d'être dépassée sans qu'on le sache, ce qui ne peut exclure des effets toxiques à long terme.

Première catégorie à contrôler : les sulfites (E 220 à E 228), conservateurs à base de soufre. A forte dose, ils entraînent chez l'animal des irritations pulmonaires et des troubles gastro-intestinaux. On les soupçonne aussi d'être à l'origine des maux de tête constatés chez certaines personnes ayant consommé du vin blanc, boisson particulièrement riche en sulfites. Deux verres peuvent suffire à dépasser la dose journalière acceptable.

De même, les nitrates et nitrites (E 249 à 252) sont des conservateurs qui détruisent une bactérie très dangereuse. Mais ils déclenchent, dans certains cas, des tumeurs cancéreuses chez les animaux. Un constat d'autant plus ennuyeux qu'on trouve déjà des résidus de nitrates dans les légumes et dans l'eau du robinet à cause de l'utilisation massive d'engrais dans l'agriculture. Sur tous ces points, l'information des consommateurs passe au second plan derrière les intérêts des industriels. La réglementation sur l'étiquetage est très souple. Les fabricants doivent certes indiquer les additifs utilisés, mais pas leur quantité, information pourtant capitale. En outre, cette obligation disparaît pour tous les ingrédients intermédiaires qui entrent dans la composition du produit final. Si votre margarine qui a servi à fabriquer des gâteaux secs était bourrée de colorants, vous ne le saurez jamais. Tout cela contribue, évidemment, au risque de dépassement de la dose journalière. Par précaution, le magazine *Sciences et Avenir* publiait en juin 1998 un tableau d'additifs « à ne pas consommer régulièrement ». Nous le reproduisons partiellement ci-dessous.

CODE	DÉSIGNATION	PRÉSENT NOTAMMENT DANS	COMMENTAIRES
E104	Jaune de quinoléine (colorant).	Confitures, boissons avec et sans alcool (y compris sirop), confiserie, sauces.	Mutagène* : interdit aux Etats-Unis et en Australie.
E110	Jaune-orange sunset (colorant).	Confitures, confiserie.	Tumeur des glandes surrénales et des reins chez l'animal.
E124	Ponceau 4R (colorant rouge).	Chorizo.	Génotoxique**. Interdit aux Etats-Unis.
E127	Érythrosine (colorant rouge).	Cerises pour cocktail, cerises confites, bigarreaux au sirop et pour cocktails de fruits.	Cancers de la thyroïde chez l'animal.
E128	Rouge 2G (colorant).	Viande de hamburgers.	Mutagène et génotoxique. Interdit aux Etats-Unis et en Australie.
E131	Bleu patenté V (colorant).	Confiseries, glaces.	Interdit aux Etats-Unis et en Australie.
E220 à E228	Sulfites apparentés (conservateurs).	Viande de hamburgers, pommes de terre déshydratées, fruits secs, confiserie, bière, vin.	Réactions allergiques.
E249 à E252	Nitrates et nitrites (conservateurs).	Charcuterie et salaisons, foie gras, fromages.	Cancérogène possible.

E320	BHA (conservateur).	Soupes déshydratées, sauces, chewing-gum, huile de friture.	Cancérogène possible.
E621	Glutamate monosodique (exhausteur de goût).	Condiments et assaisonnements.	Réactions allergiques.
E950	Acésulfame K (édulcorant).	Chewing-gum, desserts, microconfiserie pour l'haleine, soda.	Génotoxique. Cancérogène possible.
E952	Cyclamate (édulcorant).	Traitement en surface des agrumes, chewing-gum, desserts, microconfiserie pour l'haleine, soda.	Cancérogène possible. Interdit aux Etats-Unis et au Royaume-Uni.
E954	Saccharine (édulcorant).	Chewing-gum, desserts, microconfiserie pour l'haleine, sodas, bière sans alcool.	Cancérogène.

* Mutagène : qui provoque une mutation des gènes, cause possible de certains cancers.
** Génotoxique : qui altère les gènes.

Cette liste impressionnante pourrait être complétée par l'acide benzoïque (E 210 à E 213) présent notamment dans les sodas. A forte dose, ces additifs sont susceptibles d'entraîner des risques de carence en vitamine A. De même, les carraghénanes (E 407), des gélifiants que l'on trouve dans presque tous les desserts lactés, favorisent les ulcères et les tumeurs cancéreuses chez certaines espèces animales. Enfin, le E 173 (colorant) et les E 520 à 523 contiennent de l'aluminium, un composant dont la toxicité dans l'organisme est démontrée au-delà d'un certain seuil.

QUELQUES CONSEILS

— Faites la liste des aliments que vous consommez au moins une fois par jour. Passez les étiquettes à la loupe. Si l'un des additifs cités plus haut apparaît dans un produit — et *a fortiori* dans plusieurs —, essayez d'en réduire votre consommation, ou de trouver des équivalents sans additif. Ces précautions s'appliquent en priorité aux enfants, dont la dose limite journalière est plus vite atteinte que chez un adulte.

— Certains additifs peuvent déclencher des allergies chez les personnes sensibles. Une attention particulière est à porter aux sulfites (E 220 à E 228). Présents en grande quantité dans l'alimentation, ils déclenchent parfois des crises d'asthme.

— Outre les risques pour la santé, certains additifs sont utilisés pour compenser la médiocre qualité d'un produit. C'est le cas des polyphosphates (E 450) qui servent à retenir l'eau dans certains jambons (un procédé interdit dans les jambons « supérieurs »). La présence de glutamate (E 621 et E 622) dans un plat de viande n'est pas non plus de bon augure. Ces exhausteurs de goût seraient en effet inutiles si le plat contenait suffisamment de viande.

— Pour limiter la consommation d'additifs, préférez les produits naturels ou peu transformés : de la soupe liquide plutôt qu'en sachet, des yaourts plutôt que des desserts lactés, des surgelés plutôt que des conserves. Sachez aussi que les produits bio, estampillés du logo AB (voir page 132), ne contiennent que quelques rares additifs d'origine naturelle.

OGM : LE LEURRE DE L'ÉTIQUETAGE

OGM : le sigle fait peur et déclenche immédiatement la polémique. Les organismes génétiquement modifiés sont dans les rayons des supermarchés depuis plus d'un an. Mais leur étiquetage est toujours aussi opaque.

Au départ, les OGM nous avaient été présentés comme un grand progrès de l'humanité. Pensez donc : être capable de créer de nouvelles espèces de plantes ou de fruits en y ajoutant des gènes d'organismes différents ! Etre capable de les rendre plus résistants aux insectes, aux virus, ou de retarder leur pourrissement pour les vendre plus longtemps. Le rêve, quoi... Sauf que, depuis, de nombreuses inquiétudes sont venues modérer l'enthousiasme des industriels. Quand on implante au sein d'une espèce — le maïs par exemple — un gène de résistance à un antibiotique, est-on bien certain que cette résistance ne va pas s'étendre aux hommes, ce qui les rendrait plus vulnérables aux maladies ? Quand le même maïs est transformé pour sécréter lui-même un insecticide destiné à détruire la pyrale (un papillon qui ravage les récoltes), en connaît-on les conséquences à long terme dans l'organisme humain ? Enfin, comment être certain que les insectes victimes des plantes transgéniques ne vont pas s'adapter et devenir plus résistants encore, ce qui serait une catastrophe pour les pays en voie de développement ? Alors qu'aucune de ces questions fondamentales n'est réglée et que de nouvelles études viennent régulièrement renforcer les suspicions, les OGM sont déjà là. Leur présence risque même de s'étendre à d'autres cultures par la seule dissémination naturelle du pollen et des graines transgéniques emportées par le vent. Plus le temps passe, plus il apparaît difficile de faire marche arrière. Un choix de société fait par les industriels... sans les consommateurs. Le Pr Jean-Marie Pelt, membre du CRII-GEN, Commission de Recherche et d'Information indépendante sur les Gènes, dénonce ainsi « *le manque d'informations et la légèreté des dossiers préalables à leur mise sur le marché, qui ne pren-*

nent pas en compte leurs effets à long terme » (*Le Figaro* du 13 avril 1999).

En France, seules deux plantes génétiquement modifiées sont autorisées, mais pas n'importe lesquelles : le soja et le maïs transgéniques. Ces deux espèces se retrouvent sous une forme ou une autre dans plus des deux tiers des produits transformés. La lécithine de soja (étiquetée E 322), qui permet de rendre les mélanges plus homogènes, est utilisée, par exemple, dans le chocolat, la mayonnaise, les corn-flakes et de nombreuses préparations alimentaires. Le consommateur sait-il s'il s'agit de soja transgénique ? Evidemment pas. Les obligations d'étiquetage apparaissent largement insuffisantes. Selon la réglementation européenne, les industriels peuvent en effet passer sous silence les OGM présents sous la forme d'additifs alimentaires, ce qui en fait un certain nombre. L'étiquetage des OGM n'est pas non plus obligatoire dès lors que le fabricant utilise uniquement des extraits « normaux » de la plante modifiée, autrement dit des extraits qui ne contiennent pas le gène incriminé ou la nouvelle protéine qu'il génère. En clair, une huile fabriquée à partir de soja ou de maïs transgénique n'a aucune obligation d'étiquetage spécifique, car seules les graisses ont été extraites de la plante modifiée.

La nuance pourrait faire sourire si elle n'impliquait une opacité consternante pour les consommateurs. Selon un sondage BVA réalisé en avril 1998 pour l'organisation Greenpeace, 76 % des Français n'ont pas envie de consommer des produits transgéniques. Problème : cette liberté de choix, jugée fondamentale par le Conseil national de la Consommation *« pour des raisons éthiques, environnementales, sociétales ou de santé publique »*, est aujourd'hui inexistante. La formule *« contient des OGM »* n'est finalement obligatoire que dans un seul cas : quand le produit contient le gène modifié ou la protéine créée par ce gène.

Si encore cette obligation était respectée... En janvier 1999, le magazine *Que Choisir* publiait un test éloquent : sur 88 produits analysés (chips, pain de mie, biscuits, susbtituts de repas...), huit contenaient des OGM. Or, un seul l'indiquait sur l'emballage. De surcroît, les techniques d'analyse sont pour l'instant embryonnaires. Quand les OGM sont présents en quantité trop faible, ils deviennent indécelables, y compris d'ailleurs par les services de la Répression des fraudes qui sont pourtant censés opérer des contrôles surprise pour vérifier le respect des règles d'étiquetage. Autoriser les OGM avant même d'avoir mis en place des méthodes fiables de détection, voilà une belle preuve d'intelligence. Aujourd'hui, même les hypermarchés sont coincés. Ceux qui veulent rassurer leurs clients ont bien du mal à garantir une filière sans OGM. D'autant que les cargos qui importent soja et maïs des Etats-Unis mélangent dans leurs soutes les plantes OGM et non OGM. En bout de chaîne, personne ne peut plus faire la différence. Et ce n'est pas fini. Des dizaines d'autres plantes ou fruits génétiquement modifiés attendent les autorisations européennes pour s'engouffrer dans la brèche : le coton, la courgette, la pomme de terre, le melon, et même le tabac.

A supposer que l'étiquetage soit un jour réalisé, que les OGM apparaissent donc au grand jour, le problème ne serait pas encore résolu. Qui, aujourd'hui, prend le temps de lire dans le détail les ingrédients de chaque article avant de le mettre dans son Caddie ? Une seule solution paraît réaliste : créer dans les supermarchés des rayons séparés pour les produits OGM et non OGM. Les consommateurs seraient alors les arbitres du match.

QUELQUES CONSEILS

— En attendant la mise en place d'une filière de production « garantie sans OGM », il faut savoir que les produits biologiques portant la mention « AB » ne doivent, théoriquement, pas en contenir, même si, en pratique, les producteurs ne peuvent jamais en être vraiment sûrs. Carrefour et Auchan promettent également de bannir les OGM des produits qu'ils font fabriquer eux-mêmes.

— Greenpeace France publie la liste noire des produits susceptibles de contenir des OGM. Elle est établie à partir des noms des fabricants qui ne s'opposent pas à la présence d'OGM dans leurs produits. *A contrario,* une liste blanche donne le nom des produits dont les fabricants se sont engagés publiquement à garantir l'absence d'OGM, y compris sous une forme indirecte. Problème : ces listes se basent uniquement sur les déclarations des industriels. Pour plus de renseignements, contactez Greenpeace au 01 53 43 85 85. Vous pouvez aussi consulter les listes de produits sur un serveur vocal 01 53 43 85 70 ou sur Internet : www.greenpeace.fr.

— Une chose est sûre pour l'instant : le maïs en grains que l'on trouve en boîte ou en surgelé n'est pas transgénique. Un seul maïs est en effet autorisé en France, le maïs Novartis, et il n'existe pas sous cette forme. De même, les pousses de « soja », que l'on mange en salade — notamment dans les restaurants chinois — ne peuvent pas être génétiquement modifiées. Pour une raison simple : l'appellation soja est fausse. Il s'agit en réalité d'une sorte de haricot.

COMMENT LIRE UNE ÉTIQUETTE

Les différentes formes de manipulation marketing ne sont pas seules en cause dans la confusion des étiquettes. Le fait de maintenir les consommateurs dans l'ignorance y contribue largement. Qui sait, par exemple, que la liste des ingrédients d'un produit apparaît toujours par ordre décroissant d'importance ? La substance qui arrive en tête est toujours celle qui domine la composition. Du tarama dont l'étiquette indique « œufs de cabillaud, huile végétale, chapelure... » est donc de bien meilleure qualité que celui dont l'étiquette précise d'abord « huile végétale, œufs de cabillaud, chapelure... ». Dans l'ensemble, la signification des étiquettes reste floue pour les consommateurs. Pour y voir plus clair, voici un petit lexique des appellations alimentaires.

Beurre fin et extra-fin

Dans le beurre fin, 30 % de la crème qui a servi à le fabriquer peut avoir d'abord été congelée. En revanche, le beurre extra-fin a été fait à partir de 100 % de crème fraîche, collectée moins de trois jours avant sa transformation.

Bœuf

Depuis octobre 1998, l'étiquetage de la viande bovine impose trois éléments :

— L'origine. « France » signifie que l'animal est né, élevé et abattu en France.

— La race. On distingue les races à viande (le bœuf « charolais » ou « limousin »...) et les races laitières (les « normandes » ou les « montbéliardes »). Les premières sont en général meilleures (et plus chères) que les secondes dont l'élevage sert à la fois à la fois à produire du lait et de la viande.

— La catégorie. Chez les femelles, on distingue les vaches, qui ont déjà mis bas, et les génisses, qui n'ont jamais eu de veaux, et qui donnent généralement une meilleure viande. Chez les mâles, les bœufs qui ont plus de deux ans se distinguent des jeunes bovins par une viande plus goûteuse.

Confiture

Les confitures « extra » doivent contenir au moins 45 % de fruits.

Date limite de consommation

La date limite de consommation (DLC) figure sur les aliments emballés périssables sous la forme « à consommer avant le... ». Au-delà de cette date, le produit peut provoquer des ennuis de santé. Pour les conserves, les surgelés, et certains produits d'épicerie comme le chocolat ou les biscuits, une autre date est indiquée sous la forme « à consommer de préférence avant le... ». C'est la date limite d'utilisation optimale (DLUO). Au-delà, les qualités nutritionnelles du produit ne sont plus garanties, mais le produit reste consommable.

Eau minérale et eau de source

Comme son nom l'indique, l'eau de source provient directement d'une source. Elle est immédiatement potable, donc sans traitement. C'est le cas aussi de l'eau minérale naturelle, mais cette dernière, qu'elle soit gazeuse ou plate, a un autre avantage : sa composition est stable et elle est, selon la terminologie officielle *« de nature à apporter des propriétés favorables à la santé »*, notamment par sa *« teneur en minéraux et oligo-éléments »*. Un dossier d'agrément doit être déposé au ministère de la Santé.

Foie gras entier ou en bloc

Le foie gras entier provient d'un seul animal (oie ou canard), alors que le foie gras en bloc est composé de plusieurs foies d'animaux différents, ce qui rend sa qualité plus homogène. Il existe du foie gras en conserve, mais les arômes sont moins bien conservés que dans le foie gras classique (que l'on appelle mi-cuit).

Fromage

Le fromage au lait cru est peut-être savoureux, mais il est fortement déconseillé aux femmes enceintes. Une bactérie très dangereuse peut en effet s'y développer : la listeria. En faible quantité, elle ne cause pas d'ennui aux personnes en bonne santé, mais les femmes enceintes et leur bébé sont particulièrement fragiles. La mention « fromage au lait cru » est en voie d'être rendue obligatoire.

Huile raffinée, vierge et extra-vierge

L'huile raffinée est le plus bas de gamme. Elle est obtenue à partir d'une pâte que l'on fait chauffer. Ce chauffage altère les qualités de l'huile. Il faut alors lui faire subir des traitements chimiques. Ce n'est pas le cas de l'huile vierge. Fabriquée à partir d'une pression à froid (donc sans chauffage), elle conserve ses qualités nutritionnelles et son goût fruité. Quant à l'huile d'olive extra-vierge, elle a droit à cette appellation dès lors que son taux d'acidité est inférieur à 1 %, ce qui est le signe d'une récolte d'olives bien mûres.

Jambon

Il existe plusieurs catégories de jambon. La meilleure s'appelle le jambon supérieur. L'ajout d'additifs y est sévèrement réglementé. Impossible, par exemple, de s'arranger pour augmenter la quantité d'eau dans la viande. On trouve ensuite le jambon choix, puis le jambon standard et enfin l'épaule qui a l'inconvénient de contenir plus de nerfs que les autres.

Jus de fruit frais, pur jus et nectar

Le jus de fruits frais se rapproche d'un jus de fruit « maison ». Il a été emballé juste après avoir été pressé. Il faut le boire dans les sept ou dix jours. Attention : tous les jus de fruits vendus au rayon frais ne sont pas « frais ». Il s'agit d'une astuce marketing pour créer la confusion chez le consommateur. Vérifiez-le sur l'étiquette. Les vrais jus de fruits frais sont plus chers que les autres.

Le pur jus contient lui aussi 100 % de jus sans additif, mais il est d'abord pasteurisé, c'est-à-dire porté à haute température pour éliminer les germes, ce qui lui permet d'être conservé plus longtemps (environ un mois), mais lui enlève certaines qualités nutritionnelles. C'est le cas du produit « premium » de la marque Minute Maid, qui est pourtant vendu au rayon frais !

Le nectar, contrairement à ce que son nom pourrait laisser croire, est du jus bas de gamme. Il contient seulement 20 à 50 % de fruits, sous forme de jus ou de concentré (ce pourcentage doit être indiqué sur l'étiquette). Le reste de la boisson est composé d'eau et de sucre. Enfin, l'appellation « boissons aux fruits » n'impose que 10 % de jus de fruits. Bonjour les additifs et les colorants !

Lait cru, pasteurisé, stérilisé

Le lait cru est vendu directement en provenance de la ferme, sans traitement. Il se conserve un jour au réfrigérateur. Le lait pasteurisé a été chauffé pour détruire les microbes les plus dangereux pour la santé (comme la listeria). Mais certains germes qui persistent sont susceptibles de faire tourner le lait au bout d'environ une semaine. Enfin, le lait stérilisé UHT — ultra haute température —, qui représente 80 % des ventes, a subi un chauffage beaucoup plus intense, si bien qu'aucun microbe ne survit. Il peut se conserver trois mois à température ambiante avant ouverture. En contrepartie, le lait perd de sa saveur.

Les laits pasteurisés et stérilisés existent sous forme de lait entier, demi-écrémé et écrémé. La différence entre les trois se situe dans la teneur en graisse (respectivement 3,6 %, 1,6 % et 0,2 %).

Œufs frais et extra-frais

Les œufs extra-frais ont été emballés au maximum sept jours avant le moment où ils sont vendus. Dès que les sept jours sont dépassés, les œufs deviennent simplement « frais ».

Quant à leur calibre, il est indiqué sur la boîte : TG (très gros), G (Gros), Moyen (M), et Petit (P). La plupart des œufs sont pondus par des poules qui vivent à 25 par m^2 ! Si ces conditions de production vous hérissent, vous pouvez acheter des œufs pondus en « libre parcours » (chaque poule dispose de 10 m^2), ou « en plein air » (chaque poule est dans 2,5 m^2).

Pains

Les pains comportent de nombreuses appellations différentes. Seules deux d'entre elles sont reconnues officiellement : le pain maison qui doit être entièrement fabriqué sur place depuis le pétrissage jusqu'à la vente. Et le pain de tradition française, qui ne doit pas avoir été congelé et dont le nombre d'additifs autorisés est limité.

Saumons fumés

Les meilleurs saumons fumés doivent avoir l'indication « salés au sel sec ». Dans le cas contraire, il est fort probable que le saumon a été salé par injection directe d'une solution saline, ce qui le gonfle artificiellement.

De même, l'indication « fumé au bois de hêtre » (ou de chêne) est à recommander. Elle permet d'éliminer les saumons qui sont fumés par injection d'un liquide... aromatisé à la fumée.

Chapitre 7

Ces dangers qui nous menacent

A trop lire la presse, on aurait parfois des raisons de tomber dans la paranoïa. Mais à trop écouter les industriels, on finirait par croire à un monde rose et sans danger. Une chose est sûre : les pouvoirs publics réagissent souvent tard quand les risques sont connus depuis longtemps.

L'EAU DU ROBINET, POTABLE... OFFICIELLEMENT

Bactéries, pesticides, plomb, nitrates, aluminium : l'eau du robinet est polluée, et la liste des substances nocives s'allonge régulièrement.

Premier responsable : l'agriculture intensive. Les désherbants et insecticides déversés en quantité industrielle dans les champs agricoles se retrouvent dans les nappes phréatiques et les rivières. Les centrales d'épuration ont beau travailler, l'éradication n'est jamais totale. Résultat, en 1991, selon le ministère de la Santé, soixante-quatorze départements français étaient touchés par une eau dont la teneur en atrazine — un herbicide utilisé dans la culture du maïs — dépassait la norme autorisée de 0,1 microgramme par litre (ug/l).

Depuis, aucun autre chiffre officiel n'a été rendu public. Mais en septembre 1997, le magazine *Que Choisir* publiait ses propres analyses dans cinquante départements. Verdict : près de 80 % des échantillons étaient contaminés, et 22 % dans des proportions supérieures à la norme. Régions les plus touchées : la Bourgogne, l'Alsace, le Poitou-Charente, les Pays de la Loire et la Bretagne. Un constat inquiétant quand on sait que les pesticides — présents également dans les fruits et les légumes — sont susceptibles d'affecter notre système immunitaire et d'augmenter les risques de cancer du sein, de la prostate et du testicule.

L'agriculture est encore montrée du doigt dès que l'on évoque la forte concentration de nitrates dans l'eau. A l'origine de cette pollution : les engrais et les lisiers de porc répandus dans la nature. L'azote qu'ils contiennent se transforme progressivement en nitrates qui infestent les nappes d'eau souterraines. Ingérés par l'homme, ces nitrates peuvent entraîner, dans certains cas, des problèmes respiratoires et des cancers de l'estomac. En France, le problème est particulièrement crucial, notamment en Bretagne, dans les Pays de la Loire, la Beauce et la Drôme. Et il s'aggrave. Selon le ministère de l'Agriculture, l'excédent d'azote non utilisé par les plantes est passé de 9 à 11 % entre 1995 et 1997. Au total, un tiers du territoire français a été classé « zone vulnérable » aux nitrates. Dans ces zones, des mesures, comme la réduction des élevages de porcs, doivent théoriquement être prises pour réduire la pollution et atteindre la norme européenne de 50 milligrammes par litre (mg/l) dans l'eau du robinet. En pratique, les effets positifs se font attendre. A tel point que la Commission européenne a très officiellement adressé ses remontrances à la France en avril 1998. L'Etat responsable ? C'est aussi la thèse de la Lyonnaise des Eaux, l'un des principaux distributeurs d'eau en France. Poursuivie par 176 habitants de la région de Guingamp (Côtes-d'Armor) pour une eau non conforme, l'entreprise fut condamnée en 1995 à rembourser 1 000 F à chacun d'entre eux. En janvier 1997, elle ripostait en attaquant à son tour l'administration, coupable, selon elle, de négligences dans les plans antipollution, ce qui aurait entraîné les fortes teneurs en nitrates dans les bassins de la région. Mais les distributeurs d'eau ont aussi leur part de responsabilité. Après tout, ce sont eux qui sont responsables de l'épuration. En avril dernier, la Compagnie générale des Eaux (groupe Vivendi) fut ainsi condamnée en appel à dédommager des habitants de la Drôme qui avaient dû acheter des bouteilles d'eau minérale en raison du dépassement des quantités autorisées en nitrate dans l'eau du robinet.

Les dangers de l'eau du robinet ne se limitent pas aux nitrates. Sous l'effet de la corrosion, une grande partie des canalisations libèrent des particules de plomb très nocives. Irritabilité, apathie, perte de vivacité intellectuelle, troubles du sommeil : l'absorption de plomb est responsable du « saturnisme », une maladie plus répandue qu'on ne le croit. Selon un rapport de l'INSERM (Institut national de la Santé et de la Recherche médicale) publié en janvier 1999, 5 % des adultes et 2 % des enfants de 1 à 6 ans ont, en France, un taux de plomb dans le sang nocif pour leur santé, soit plus de 100 microgrammes par litre (ug/l). La plupart des enfants ne sont d'ailleurs pas dépistés. L'eau n'est pas seule en cause. Les peintures des logements vétustes sont sans doute le premier facteur d'intoxication. Il n'empêche, selon l'INSERM, *« la contamination de l'eau du réseau semble contribuer de façon non négligeable à l'imprégnation saturnine ».* Seule solution : changer les canalisations, pour un coût prévu de cent vingt milliards de francs ! Aujourd'hui, plus du tiers des tuyaux contiennent du plomb, et plus des deux tiers en Ile-de-France. Dans certaines régions, comme dans le Massif central, le Massif armoricain (Bretagne, Normandie et Vendée) ou les Vosges, les risques sont accrus car l'eau est plus acide et la corrosion plus forte.

Dernière substance indésirable : l'aluminium. Sa présence est due aux traitements chimiques liés à l'épuration. Selon une enquête de l'INSERM, rendue publique par le quotidien *France-Soir* en octobre 1998, la présence d'aluminium dans l'eau au-delà de 100 microgrammes par litre (ug/l) multiplie par deux les risques de maladie d'Alzheimer. Or, la norme officielle autorise une dose deux fois plus élevée... de surcroît, souvent dépassée ! Ce fut le cas, selon le ministère de l'Environnement, dans onze départements français entre 1993 et 1995 : la Corrèze, les Côtes-d'Armor, la Creuse, le Finistère, la Loire, la Manche, la Meurthe-et-Moselle, l'Orne, la Vienne, la Martinique, la Guyane.

Conclusion : pour rendre l'eau potable, il faut agir. Et vite. Deux actions sont à mener conjointement : limiter les sources de pollution et améliorer le traitement de l'eau par de nouveaux procédés. Conséquences : les factures d'eau vont continuer à augmenter, alors même que le prix du mètre cube a déjà bondi de 61 % entre 1991 et 1997. Quand on pense que 90 % de cette eau si chèrement acquise servent à prendre sa douche, laver son linge, ou tirer la chasse d'eau, on ne peut que se lamenter devant un tel gâchis. Du coup, certains suggèrent d'instaurer une double distribution d'eau. La première fournirait une eau traitée mais non potable, qui continuerait à couler du robinet. La seconde utiliserait la grande distribution pour vendre des bouteilles d'eau parfaitement saines, moins chères que l'eau minérale. C'est peut-être le prix à payer pour boire une eau vraiment potable.

QUELQUES CONSEILS

— Les Directions départementales pour l'Action sanitaire et sociale (DDASS) effectuent régulièrement des analyses d'eau dans chaque commune de France. Les résultats doivent être affichés en mairie (décret du 26 septembre 1994). Si ce n'est pas le cas, exigez-le.

— Certains fabricants proposent des filtres destinés à purifier l'eau. Attention, leur efficacité a été mise en doute, après analyses, par *60 millions de consommateurs* (novembre 1997) et *Que Choisir* (octobre 1997).

— Attention également aux adoucisseurs d'eau. Ils réduisent la teneur en calcaire, mais ils rendent du même coup l'eau plus corrosive pour les canalisations, ce qui peut augmenter la concentration en plomb. En outre, le calcaire n'a pas d'effets néfastes sur la santé. Son seul risque est d'entartrer les appareils électroménagers.

— Au cas où vos canalisations seraient en plomb, prenez l'habitude de laisser couler l'eau quelques instants avant de la boire. Les particules de plomb sont en effet plus concentrées au début du jet.

— Pour échapper totalement aux risques de l'eau du robinet, la seule solution consiste à boire... de l'eau minérale (qui apporte de surcroît des minéraux indispensables). Faites-le systématiquement pour les nourissons et les femmes enceintes, d'autant que certaines bactéries peuvent s'avérer très dangereuses pour les personnes fragiles. Dans la mesure du possible, les enfants, les malades et les personnes âgées ont eux aussi intérêt à boire de l'eau minérale.

— Si votre eau a un goût de chlore, laissez-la reposer un quart d'heure dans un récipient avant de la boire. Le chlore va s'évaporer. De toute façon, il n'est pas dangereux.

— Le Centre d'information sur l'eau distribue gratuitement des brochures explicatives sur la qualité de l'eau. BP 5. 75 362 Paris Cedex 08. Tél. : 01-42-56-20-00.

LES DANGERS DU BRONZAGE

En un siècle, les critères de beauté ont changé. La blancheur, autrefois signe de distinction sociale, est devenue synonyme de pâleur maladive. Les riches, maintenant, partent au soleil ! Du coup, un nouveau business s'est créé autour des centres de bronzage. Problème : les lampes à bronzer émettent des rayons ultraviolets (UV) qui sont loin d'être anodins. Ils peuvent entraîner des brûlures, et à trop forte dose, accélérer le vieillissement de la peau, voire favoriser certains cancers. L'Organisation européenne de Recherche et de Traitement du Cancer (OERTC) a mené, en 1993, une étude épidémiologique dont les résultats peuvent légitimement inquiéter. Dix heures d'exposition artificielle par an pendant dix ans suffisent en effet à augmenter le risque d'accroissement des tumeurs cutanées, les mélanomes. Et au-delà de trente par an, le risque devient vraiment sérieux. Des chiffres que les centres de bronzage, les instituts de beauté et autres clubs de remise en forme se gardent bien d'évoquer.

Pour que le business ne prime pas sur les impératifs de santé publique, les pouvoirs publics ont publié un décret le 30 mai 1997. Interdiction est faite aux professionnels de « *faire référence à un effet bénéfique pour la santé* ». Les publicités doivent, au contraire, comporter cette mise en garde qui résume à elle seule les dangers d'une pratique incontrôlée : « *Le rayonnement d'un appareil de bronzage UV peut affecter la peau et les yeux. Ces effets biologiques dépendent de la nature et de l'intensité du rayonnement, ainsi que de la sensibilité de la peau des individus.* » Les médecins distinguent en effet plusieurs types de peau, des plus claires aux plus mates, les premières étant évidemment les plus fragiles.

Pour remédier aux dérives des centres en libre-service, où chacun pouvait décider de sa propre durée d'exposition, le décret rend obligatoire la présence d'un personnel formé afin d'assurer une *« surveillance directe »*. Enfin, les exploitants des appareils doivent mettre des lunettes à disposition des utilisateurs. Une précaution indispensable. Sans lunettes, les risques de brûlures des yeux peuvent être graves. Certains centres ont la mauvaise idée de remplacer les lunettes par des petits cônes de papier. S'ils sont mal posés sur les yeux, ils peuvent laisser passer les UV sur le côté.

Salué par les associations de consommateurs comme une avancée, ce décret comporte toutefois un oubli : il ne dit rien sur la durée minimum à respecter entre deux séances d'UV. Les dermatologues conseillent de laisser passer au moins une journée. L'OMS, l'Organisation mondiale de la Santé, préconise même un maximum de deux expositions par semaine. Faute d'avoir imposé l'affichage de ces informations, les pouvoirs publics laissent les utilisateurs à leur ignorance. De même, aucune mise en garde n'est prévue pour les femmes enceintes alors que leur état les rend plus vulnérables.

Les UV artificiels ne sont pas seuls en cause. Le soleil naturel peut aussi provoquer quelques ennuis. Les fabricants de crèmes ont beau tenter de nous rassurer, la protection totale (l'« écran total ») n'existe pas. Une crème à indice 10, par exemple, signifie en théorie qu'un adulte peut rester dix fois plus longtemps au soleil avant d'en ressentir les mêmes effets que sans la crème. Seul ennui, ces éléments sont calculés sur la base de deux milligrammes de crème appliqués sur chaque centimètre carré de la peau. Or, les utilisateurs

QUELQUES CONSEILS

— Avant de vous faire bronzer, démaquillez-vous. Les produits cosmétiques ne font pas bon ménage avec le soleil. Ils peuvent entraîner des taches, des rougeurs ou des démangeaisons. De même, de nombreux médicaments sont formellement contre-indiqués, notamment certains antibiotiques, somnifères, antidépresseurs ou antiseptiques. Dans le doute, demandez conseil à votre médecin.

— N'utilisez pas la crème solaire d'une année sur l'autre. Elle risque de perdre son efficacité. Malheureusement, aucune date de péremption ne figure sur la plupart des crèmes.

— Si vous vous exposez rarement au soleil, vous êtes plus fragiles que ceux qui habitent toute l'année dans les régions ensoleillées. Vous devez donc prendre plus de précautions. Contrairement aux idées reçues, l'eau ne filtre pas les ultraviolets, les nuages en laissent passer 80 %, et les parasols 30 %.

en mettent statistiquement trois à quatre fois moins. « *Un indice 10 correspond à un indice réel de 2* », résume le Pr Jean-François Doré, spécialiste des UV à L'INSERM (*L'Evénement du jeudi*, 6 août 1998). Moralité : à moins d'avoir la peau bien mate, mieux vaut choisir systématiquement des indices forts (30 ou 40). Cette précaution n'est d'ailleurs pas suffisante. Le produit donne en effet l'illusion de la protection, et, du coup, incite à rester exposé trop longtemps. Porter un short et un polo (au moins de temps en temps) reste finalement la meilleure façon de se protéger. Ces mises en garde peuvent paraître rabat-joie, mais les dangers des rayons ultraviolets représentent un problème majeur de santé publique. Le mécanisme biologique est connu : chaque brûlure de la peau (sous forme de coup de soleil ou de simple bronzage) réduit les capacités de réparation des cellules, d'où un risque de vieillissement plus rapide de la peau pour ceux qui s'exposent trop souvent. Dans certains cas, les cellules finissent par devenir cancéreuses. Les chiffres parlent d'eux-mêmes : le nombre de cancers cutanés augmente de 7 % chaque année en France. Face au développement de la maladie, les études montrent qu'une bonne protection dès l'enfance réduit considérablement les risques de mélanomes à l'âge adulte. Une règle s'impose : ne jamais exposer un enfant de moins de trois ans au soleil et rester prudent jusqu'à la puberté. Les crèmes supposées être adaptées aux enfants ne doivent pas faire illusion.

LE GAZ QUI TUE

Chaque année, à l'arrivée des grands froids, les mêmes faits divers reviennent dans l'actualité. « Intoxication par le gaz en Seine Saint-Denis » (*L'Humanité*, 26 novembre 1998), « Intoxications en série à la messe de minuit » (*Le Figaro*, 24 décembre 1998), « Une école parisienne évacuée » (*France-soir*, 16 décembre 1998)... et ce ne sont là que quelques exemples. Les responsables sont toujours les mêmes : les appareils de chauffage au gaz naturel, au charbon ou au fuel. Les publicités en vantent les bienfaits, mais se gardent bien d'en souligner les dangers. En cas de mauvaise combustion, un gaz très dangereux se répand, le monoxyde de carbone (CO). Contrairement au gaz carbonique (CO_2) beaucoup moins nocif, le monoxyde de carbone se fixe sur l'hémoglobine du sang et conduit rapidement à l'asphyxie.

Si, pour une raison ou une autre, le conduit d'évacuation de la chaudière ou du chauffe-eau est bouché, même partiellement, le CO se répand dans les maisons. Un phénomène insidieux car le gaz est sans odeur. Dès que son taux atteint 1 % dans l'air ambiant, la mort devient inévitable. Le monoxyde de carbone est la première cause d'intoxication mortelle en France. On lui impute quatre à cinq cents décès et huit mille hospitalisations chaque année.

Encore n'est-ce là que la partie émergée de l'iceberg. Car ces chiffres ne prennent pas en compte les intoxications « douces », celles qui empoisonnent à petit feu. Quand la concentration en CO n'est pas suffisante pour tuer, elle peut quand même déclencher une multitude de symptômes diffus : fatigue, maux de tête, vertiges, nausées, vomissements, angines ou grippes. Des dangers particulièrement graves pour les femmes enceintes et leurs bébés. Là encore, le phénomène est pernicieux, car les médecins font rarement le rapprochement avec le monoxyde de carbone. Résultat : les symptômes sont mis sur le compte de maladies chroniques. Depuis six ans, toutefois, SOS Médecins est équipé de détecteurs de CO dans les grandes villes. Si vous avez un doute sur vos symptômes, appelez-les. Les autres médecins ne sont presque jamais équipés. Ni les plombiers d'ailleurs, alors qu'ils sont appelés à intervenir sur ce type d'installation.

Pour éviter le pire, une première consigne s'impose : procéder chaque année à un ramonage en bonne et due forme des conduits d'évacuation des systèmes de chauffage. L'opération coûte 250 à 400 F et elle est à la charge du locataire. La loi l'exige une fois par an pour les appareils à gaz, et deux fois pour tous les autres (cheminée, fuel, bois, poêle à charbon...). Les assurances rappellent cette obligation dans leur contrat « multirisques-habitation ». En cas d'accident, elles vérifieront d'abord qu'elle a été respectée. Dans le cas contraire, elles risquent de rechigner à indemniser la victime. Pour être efficace, le ramonage doit se faire à

QUELQUES CONSEILS

— Certains accidents sont dus à la vétusté des installations qui conduisent à une mauvaise combustion des gaz. Si votre chaudière ou votre chauffe-eau a plus de vingt ans, vous avez fort intérêt à en faire contrôler la conformité. EDF-GDF propose, pour 200 F, un diagnostic « qualité Gaz de France ». Si les appareils ne sont pas conformes, leur remplacement est à la charge du propriétaire, et non du locataire.

— Les chauffe-eau antérieurs à 1978 doivent être changés. Ils ne comportaient, à l'époque, aucun système de sécurité. D'une façon générale, les nouveaux appareils de chauffage sont beaucoup mieux sécurisés. La plupart se coupent automatiquement en cas de dégagement anormal de monoxyde de carbone. Mais le système peut connaître des ratés, d'où l'importance du ramonage et d'une bonne aération de la pièce où l'appareil se trouve.

— Certains magasins de bricolage proposent des détecteurs de CO (à ne pas confondre avec les détecteurs de fumée). Le magazine *Que Choisir* les a testés en janvier 1999. Un seul modèle trouve grâce à ses yeux : le SF 330 KM du fabricant SF détection. Prix : 600 F.

— En cas d'intoxication, il faut agir dès les premiers symptômes car ils conduisent très rapidement à l'asphyxie : ouvrir les fenêtres, arrêter la chaudière, sortir pour éviter de perdre connaissance et appeler les services de secours (le 15 pour le SAMU, le 18 pour les pompiers).

la main avec un « hérisson », un outil qui comporte, à son extrémité, une boule de petites tiges métalliques. Un point important, car certains professionnels pratiquent un ramonage chimique ou par aspiration beaucoup moins performants.

Seconde recommandation : installer les appareils de chauffage dans des pièces aérées, où l'air se renouvelle régulièrement. Sans oxygène, la combustion risque d'être incomplète, et donc de répandre du monoxyde de carbone. Une double aération est même nécessaire pour tous les appareils non reliés à un conduit d'aération. C'est le cas des chauffages d'appoint (au pétrole ou au butane) et de certains petits chauffe-eau. Dans le nord de la France, les poêles à charbon posent un problème particulier. S'il ne fait pas suffisamment froid à l'extérieur, par exemple par temps de brouillard, les gaz ont tendance à être refoulés à l'intérieur de la maison. Avec ce type d'appareils, la vigilance s'impose tout particulièrement.

L'AMIANTE DANS NOS MAISONS

Le scandale de l'amiante n'est pas terminé. Ce matériau, qui entraîne des insuffisances respiratoires, des cancers du poumon et de la plèvre (mésothéliome), est à l'origine de deux mille décès par an. Et l'hécatombe va sans doute continuer pendant dix, vingt ou trente ans, car les maladies se déclenchent bien après l'exposition. Au microscope, les images sont impressionnantes. Les fibres d'amiante ressemblent à des cheveux deux mille fois plus fins qui viennent se loger de façon irréversible dans les poumons.

Premières victimes : les professionnels, travailleurs de l'industrie de l'amiante, plombiers, électriciens, maçons, menuisiers, peintres... Au total, plus d'un million de personnes seraient concernées. Ce que l'on sait moins, c'est que les autres ne sont pas à l'abri. L'amiante est effet présent partout, dans les maisons, les immeubles, les canalisations, et de nombreux produits de la vie quotidienne. Les industriels n'y sont pas allés avec le dos de la cuillère. Pourquoi se gêner ? L'amiante était un matériau rêvé : il résiste à une température de 1 600 degrés et isole contre le bruit. Dans les années 1950, les premiers doutes ont beau surgir sur d'éventuels effets néfastes sur la santé, ils sont vite étouffés dans l'œuf. On n'arrête pas une entreprise qui gagne. Les sociétés de travaux publics ont donc continué de « floquer », autrement dit d'injecter de l'amiante dans les murs, les plafonds et les canalisations des immeubles pour les protéger en cas d'incendie. L'Université de Paris-Jussieu, achevée en 1972, en est un triste exemple. L'interdiction du flocage tombe enfin... en 1978, bien après la bataille. Les études ont montré que les fibres d'amiante finissaient par se déliter des murs et des plafonds et se libérer dans l'atmosphère. Le coup de grâce est donné en juillet 1996 par un rapport de l'INSERM (l'Institut national de la Santé et de la Recherche médicale) qui chiffre à 2 000 par an pendant vingt ans le nombre de décès en France à cause de l'amiante. Les produits contenant les fibres incriminées sont alors interdits à la vente.

Mais ils n'ont pas disparu pour autant. On les retrouve en effet dans de nombreux articles de la vie courante achetés avant cette date. Dans les radiateurs d'abord. Si Calor, Finimétal et Fondis n'ont jamais utilisé d'amiante, tous les fabricants n'ont pas été aussi bien inspirés. Résultat : les vieux appareils, surtout quand ils disposent d'un système de soufflerie, sont à remplacer au plus vite. L'amiante se retrouve aussi dans les gants de cuisine, les housses de table à repasser, les fours ou les cuisinières. Pour connaître les modèles concernés, le seul moyen consiste à contacter le fabricant. Si c'est le cas, mieux vaut s'en débarrasser, surtout si le produit commence à se détériorer.

Les sols plastique — les linos — posent aussi problème, en particulier ceux qui furent commercialisés dans les années 1970. La matière cartonnée posée sur le sol contient souvent de l'amiante (si c'est de la mousse, en revanche, pas de problème). Ces revêtements ne sont pas dangereux tant qu'ils sont en bon état. Il faut simplement penser à les remplacer. Mais attention : l'opération nécessite d'importantes précautions. L'arrachage sauvage est le meilleur moyen d'inhaler des fibres à haute dose. Il faut impérativement s'adresser à des professionnels.

Reste le problème du déflocage des murs, des plafonds et des canalisations d'immeuble. Les pouvoirs publics ont encadré cette opération de grande envergure par un décret du 8 février 1996. Les propriétaires et copropriétaires d'immeubles avaient jusqu'au 31 décembre 1998 pour procéder à une recherche d'amiante et aux éventuels travaux de désamiantage, à la fois dans les parties communes et privatives. Les occupants doivent aujourd'hui pouvoir obtenir une analyse d'air prouvant que le taux d'amiante est inférieur à cinq fibres par litre d'air. Les propriétaires qui n'auraient pas procédé à l'opération sont passibles d'une amende de 10 000 F. Si l'entretien et les réparations de l'immeuble sont confiés à un syndic, c'est à lui de s'acquitter de cette tâche. S'il ne l'a pas fait, il est passible de 50 000 F d'amende.

L'obligation du désamiantage est toutefois repoussée au 31 décembre 1999 pour les immeubles construits avant 1950 ou après 1980. Mais ne rêvons pas, compte tenu des lenteurs de certains syndics, du manque d'information des copropriétaires et surtout de l'exonération du désamiantage pour les maisons individuelles (non concernées par le décret), le déflocage ne sera pas achevé, en France, avant une bonne vingtaine d'années.

QUELQUES CONSEILS

— Si vous procédez au désamiantage de votre résidence principale, sachez que vous pouvez bénéficier d'une réduction d'impôt au titre des travaux d'amélioration de l'habitat. Cette réduction s'élève à 20 % du montant de la dépense dans la limite de 40 000 F pour un couple marié et 20 000 F pour une personne seule. A quoi il faut ajouter 2 000 F par personne à charge (2 500 F pour le deuxième enfant et 3 000 F à partir du troisième).

— Si vous achetez un appartement, vérifiez que le contrôle a bien été fait. Sinon, exigez-le. Pour le cas des immeubles construits avant 1950 ou après 1980 (dont les délais sont repoussés à fin 1999), le déflocage sera à votre charge, à moins qu'il n'ait déjà été fait.

— En théorie, le déflocage est terminé dans les écoles depuis le 1er janvier 1999. Mais dans le doute, demandez aux représentants des parents d'élèves de poser la question au proviseur. Un impératif d'autant plus grand que les enfants sont plus vulnérables que les adultes.

DU POISON DANS LES DENTS

Nos plombages dentaires sont-ils dangereux ? Depuis environ deux ans, la polémique fait rage. Malgré le tir de barrage des dentistes, elle ne fait sans doute que commencer. Il faut dire que presque tout le monde est concerné : trente millions de Français portent des amalgames dentaires, qui contiennent du mercure, une substance considérée depuis longtemps comme nocive. Le mercure sert à lier les autres métaux de l'amalgame : argent, cuivre, zinc et étain (il n'y a pas de plomb malgré l'emploi du terme plombage). Les études, notamment sur les rats, mettent tour à tour en évidence des troubles neurologiques (maux de tête, fatigue, tremblements), des problèmes digestifs et rénaux, une diminution des globules rouges et de l'hémoglobine dans le sang, ainsi qu'une augmentation de la tension artérielle. Le mercure semble aussi provoquer parfois des réactions allergiques (démangeaisons, eczéma...). Même si les liens de cause à effet ne sont pas encore prouvés à cent pour cent, il s'agit là de fortes présomptions qui devraient suffire à appliquer le principe de précaution. Le mercure s'échappe en effet progressivement de la dent sous forme de vapeur. Ce phénomène est accéléré par le brossage des dents, la mastication (difficile de s'en passer !), et le contact avec des boissons chaudes ou acides qui favorise la corrosion. *« 70 % des porteurs d'amalgames ont, dans leur salive un taux de mercure dix fois supérieur à celui proposé comme norme pour l'eau potable par l'OMS »*, s'alarme André Picot, directeur de recherche au CNRS (Revue *L'Actualité chimique*, avril 1998). Son constat est tiré d'une enquête réalisée en Allemagne en 1996 et 1997 sur près de 18 000 personnes. Certes, une partie du mercure est absorbée par les poumons et les intestins. Mais une autre partie se retrouve dans le cerveau et les reins, dans des proportions trois à neuf fois supérieures à celles des personnes sans plombage.

« Pour ce qui me concerne, je refuserais qu'on me pose des amalgames, à moi ou à ma famille », déclarait l'an dernier le Dr Hartmut Hildebrand (*Le Point*, 21 novembre 1998). Directeur de recherche à L'INSERM, son opinion a d'autant plus de poids qu'il a fait partie du groupe de travail sur les amalgames dentaires mis en place en décembre 1997 par le secrétariat d'Etat à la Santé. Ces travaux avaient abouti, quelques mois plus tard (en mai 1998) à plusieurs recommandations du Conseil supérieur d'Hygiène publique :

1. Ne pas poser d'amalgames sur les femmes

enceintes ou allaitantes. Le mercure passe en effet de la mère à l'enfant et peut entraîner des malformations.

2. Ne pas mettre les plombages en contact avec d'autres métaux (couronnes, bridges, appareils dentaires...) qui risqueraient d'accélérer leur corrosion.

3. Ne pas mâcher du chewing-gum quand on porte plusieurs amalgames, car cela favorise la libération du mercure.

Ces recommandations d'urgence ne règlent pas le problème pour autant. Le Conseil supérieur d'Hygiène publique préconise aussi des *« techniques adhésives »* comme substitut aux plombages chez les enfants et les adolescents, plus vulnérables que les adultes aux effets éventuels du mercure. Trois enfants sur quatre ont au moins une carie avant l'âge de dix ans. Le dentiste peut remplacer l'amalgame par de la résine de la même couleur que la dent. Un procédé qui pourrait d'ailleurs s'appliquer aux adultes. Seul ennui : il ne fonctionne pas en cas de carie profonde, et la résine doit être remplacée au bout de quatre ou cinq ans, alors qu'un plombage dure en général beaucoup plus longtemps. Les dentistes ont aussi des réticences pour une raison peu avouable : ils ne sont pas habitués à cette nouvelle méthode dont la pose est de surcroît beaucoup plus délicate.

D'autres substituts existent, mais ils comportent tous un inconvénient : les « ciments-pierre » sont un peu trop fragiles et les céramiques et l'or sont trop chers : le coût de la pose peut atteindre 4 000 F par dent ! Il faudra de toute façon trouver une solution. Outre ses effets sur l'organisme, le mercure est en effet une source reconnue de pollution, ce qui a abouti à l'interdiction des thermomètres au mercure en mars 1999. En attendant, les dentistes font de la résistance. Position officielle du Conseil national de l'ordre des chirur-

QUELQUES CONSEILS

— Certains amalgames dentaires peuvent être surdosés en mercure. Demandez à votre dentiste des amalgames HCSC (ternaire monophasé à haute teneur en cuivre) en « capsules prédosées étanches », qui évitent les erreurs de dosage. L'Ordre national des chirugiens-dentistes les recommande à leurs adhérents. Si votre dentiste a l'impression que vous lui parlez chinois, trouvez-en un autre.

— La salle de travail de votre dentiste ne doit contenir ni tapis, ni moquettes, ni rideaux, ni tissus muraux. C'est une recommandation du ministère de la Santé. Ces revêtements retiennent en effet les vapeurs de mercure, et leur décontamination est impossible.

— Femmes enceintes, jeunes mamans, enfants et malades des reins sont particulièrement fragiles. Pour eux, la résine est clairement préférable aux amalgames.

giens-dentistes : la toxicité du mercure n'est pas prouvée. Une conclusion qui passe un peu vite sur le principe de précaution, car l'innocuité du mercure est encore moins démontrée.

LES RAPPELS FACTICES DES PRODUITS DANGEREUX

Tous les mois, en France, des fabricants retirent certains de leurs produits du marché. Erreur de conception, de montage ou de fabrication. Trop dangereux.

Des exemples ? L'an dernier, le Lego « hochet coccinelle » présentait un risque d'étouffement. Trois perceuses Skil (6460H, 6464H, 6466H) et un téléviseur Sony (KV-28FD1E) comportaient un risque de décharge électrique. La Citroën Xsara avait un problème d'airbag. Des pneus Continental LS21 risquaient d'affecter la stabilité directionnelle des Mercedes, etc. Qui en a entendu parler ? Pourtant, chaque année, une trentaine de cas de ce type sont recensés. On se souvient de la Mercedes Classe A, dont les modèles en circulation avaient été rappelés fin 1997 après des essais de la presse automobile démontrant une mauvaise tenue de route. Quelques mois plus tôt, en juillet, un autre rappel avait fait parler de lui. La marque Bébisol retirait de la vente des dosettes de stérilisation pour biberon. Le produit était emballé et conditionné de la même façon que des dosettes contenant du sérum physiologique destiné à nettoyer le nez bouché des enfants. Résultat : certains parents avaient utilisé le liquide de stérilisation pour soigner leur enfant, occasionnant de graves brûlures des voies respiratoires et digestives.

Mais toutes les affaires ne sont pas aussi médiatisées. La plupart du temps, les produits dangereux font l'objet d'un rappel plutôt discret. Les fabricants les remboursent, les réparent ou les échangent gratuitement, mais sans le crier sur les toits. Une plus grande publicité permettrait pourtant d'éviter de nombreux accidents. Mais les industriels, qui dépensent des fortunes pour leurs spots publicitaires télévisés, rechignent à mettre la main à la poche dès qu'il s'agit d'alerter leurs clients. Résultat : en dehors des constructeurs d'automobiles qui disposent de la liste complète de leurs clients — et qui peuvent donc leur écrire individuellement sans faire de scandale —, la plupart des fabricants préfèrent se contenter de quelques entrefilets dans la presse. Dans ces conditions, rien d'étonnant à observer des taux de retour inférieurs à 20 %. Les autres produits restent dans la nature, et risquent à tout moment de conduire à d'autres accidents.

L'affaire Moulinex est à cet égard exemplaire. En 1993, la centrifugeuse multi-fruits 202 fabriquée avant le mois de mars pose de graves problèmes : son couvercle a tendance à s'éjecter, blessant gravement les utilisateurs aux mains et au visage. Les pouvoirs publics, alertés par les services d'urgence, imposent au fabricant le rappel du produit. Trois avis paraissent dans la presse entre 1993 et 1994. Mais rien à la télévision. « *Ce ne fut pas une petite campagne*, se défend Moulinex, *mais des encarts d'un huitième de page dans les plus grands titres de la presse* » (*Le Monde*, 27 septembre 1996). Trois ans plus tard, en janvier 1997, la journaliste chargée de ces dossiers au magazine *Que Choisir*, Micaëlla Moran, apprend de la bouche des responsables de Moulinex que l'appareil a fait dix-sept nouvelles victimes ! Apparemment, la première campagne de presse n'était pas suffisante. Le ministère de l'Economie, mis sous pression par une lettre ouverte de l'Union fédérale des Consommateurs, exige alors une nouvelle campagne de rappel de Moulinex. De nouveaux encarts paraissent dans plusieurs journaux, mais toujours aucun spot à la télévision.

Aujourd'hui, le problème n'a pas disparu. Sur les 169 000 centrifugeuses 202 vendues avant mars 1993, seules environ 30 000, selon Moulinex, ont été récupérées. Les autres sont donc encore en circulation. Poursuivie pour « *atteinte volontaire à l'intégrité de la personne par négligence ou manquement à l'obligation de sécurité et de prudence* », la société Moulinex a finalement bénéficié d'un non-lieu en octobre 1997, et ce, malgré l'absence de campagne de rappel à la télévision. Selon le tribunal de grande instance de Paris, « *la société avait pris des mesures sérieuses afin d'informer les propriétaires d'appareils commercialisés* ». Non-lieu confirmé en janvier 1998 par la cour d'appel de Paris, selon laquelle « *il ne peut être reproché une quelconque négligence ou imprudence à la société Moulinex* ». Un avis que n'ont pas partagé les juges italiens. Quelques mois plus tard,

Moulinex fut en effet condamné à verser 3 millions de francs à une consommatrice italienne blessée au visage.

En France, depuis cette affaire, un nouveau texte est venu renforcer les droits des victimes. La loi du 19 mai 1998 introduit en effet un régime spécial de responsabilité du professionnel pour les dommages causés par un produit défectueux *« n'offrant pas la sécurité à laquelle on peut légitimement s'attendre »*, y compris pour les produits alimentaires. Grande innovation : la victime n'est plus dans l'obligation de prouver la faute du fabricant. Il lui suffit désormais d'établir un lien de cause à effet entre le défaut du produit et son préjudice, qu'il soit corporel, matériel, moral, ou économique. Devant les juges, trois éléments sont donc à mettre en évidence : le défaut du produit, le dommage et le lien entre les deux. Le fabricant n'a qu'une seule échappatoire : prouver que le défaut n'existait pas au moment de sa mise en circulation, ou que l'état des connaissances scientifiques ne permettait pas de le déceler. Si le défaut apparaît quelques années après la mise en vente du produit, cela ne signifie pas pour autant que le fabricant peut s'en laver les mains. Le produit peut en effet mal vieillir à cause d'un problème de conception initiale. Une hypothèse qui sera renforcée devant les juges si plusieurs personnes portent l'affaire en justice au même moment pour le même problème... D'où l'intérêt des procédures collectives que seules des associations de consommateurs peuvent mener.

La loi a donc comblé un vide, sans s'attaquer toutefois à la racine du mal. Aussi étonnant que cela puisse paraître, rien n'oblige le fabricant à rappeler les produits dangereux, même s'il est au courant de leur défectuosité. Les magasins qui les vendent (ou les ont vendus) ne sont pas non plus contraints de le signaler à leurs clients... et d'ailleurs ne le font pas. Un gouffre majeur dans le droit à l'information.

QUELQUES CONSEILS

— Tous les produits ayant fait l'objet d'un rappel depuis 1986 sont recensés sur le service minitel de *Que Choisir*, le 36 15 quechoisir (2,23 F la minute). Les numéros de lots et de série concernés sont indiqués. On y trouve au total plus de deux cents références en hi-fi, électroménager, automobile, alimentation, etc. *Que Choisir* et *60 millions de consommateurs* publient par ailleurs tous les mois la liste des nouveaux rappels.

— En août 1997, Moulinex a reconnu qu'un autre modèle de centrifugeuse multi-fruits (référence 864), commercialisé avant juillet 1995, posait lui aussi un problème de sécurité (décidément !). *« Moulinex vous propose de la faire vérifier »*, annonçait la société dans un encart publié dans *Télérama*. Elle se propose toujours d'échanger gratuitement les couvercles et les filtres de l'appareil, comme elle le fait pour le modèle 202. C'est bien le moins.

— Si vous êtes blessé par un produit défectueux, n'hésitez pas à porter l'affaire en justice. C'est le seul moyen d'obliger les fabricants à renforcer leurs procédures de rappel. Conservez les preuves de votre préjudice : photos, certificats médicaux, produit incriminé. Dans tous les cas, faites-vous aider d'un avocat.

— Vous pouvez aussi prévenir la Commission de Sécurité des Consommateurs (CSC). 59, boulevard Vincent-Auriol, 75 703 Paris Cedex 13. Si plusieurs plaintes similaires arrivent en même temps, le produit dangereux sera peut-être retiré du marché.

— Les constructeurs d'automobiles informent parfois leur réseau de concessionnaires de défauts bénins sur tel ou tel modèle. Cela permet aux garagistes de profiter des révisions pour changer discrètement les pièces défectueuses. Moralité : mieux vaut faire réviser sa voiture chez un concessionnaire que chez un garagiste multimarques. Pour les défauts les plus graves, chaque propriétaire est théoriquement informé par courrier.

Chapitre 8

Des droits bien dissimulés

En France, les consommateurs ont des droits. Du moins en théorie. Car ceux qui détiennent l'information n'ont généralement aucun intérêt à l'ébruiter.

CARTE BANCAIRE : SE PROTÉGER EN CAS DE FRAUDE

Les cartes bancaires sont, paraît-il, inviolables. Taux de fraude officiel : 0,018 %. Le système est apparemment bien huilé. Seuls les voleurs qui parviennent à faire avouer à la victime son code secret peuvent frauder. Et encore, seulement pendant le temps qui précède la mise en opposition de la carte. *« En dix ans, le taux de fraude a été divisé par dix »,* se glorifiait récemment le Groupement des cartes bancaires, qui gère ce moyen de paiement en France. *« 0,018 % aujourd'hui. 0,18 % en 1988. »* Hélas, les chiffres sont trompeurs. Pour une raison simple : il ne tiennent pas compte de la vente à distance, par minitel, téléphone ou Internet. Or, ces opérations ne nécessitent pas la frappe du code secret, mais seulement la communication du numéro à seize chiffres inscrit en relief sur la carte. Ce procédé, qui permet de commander des places de cinéma, d'opéra, des disques ou des livres par correspondance, monte en flèche grâce au développement du commerce sur Internet.

Problème : le numéro à seize chiffres est beaucoup plus facile à récupérer que le code secret. C'est donc là que les pirates sévissent. Premier moyen, le plus simple : un voleur bien entraîné retient les numéros par cœur, en regardant simplement par-dessus l'épaule d'un client à la caisse d'un supermarché. Il peut aussi récupérer les reçus des factures carte bleue, laissés à l'abandon par des consommateurs négligents. Les seize chiffres y sont indiqués en totalité, ainsi que la date limite de validité de la carte... De quoi faire ses courses par correspondance en toute impunité. Mais il y a des moyens de fraude plus subtils. En janvier 1999, les policiers parisiens arrêtaient un standardiste de l'émission télévisée Téléshopping, une émission de télé-achat diffusée sur TF1. Chargé de noter les commandes des clientes, le standardiste en profitait pour noter leur numéro de carte bancaire sur son propre calepin. Avec deux complices, ils achetaient ensuite par correspondance des appareils hi-fi et vidéo haut de gamme. Les produits étaient livrés dans un hôtel, puis revendus au plus offrant.

Dans le même temps, une affaire similaire était évoquée dans la presse. Cette fois, une « voyante » de Toulouse était prise la main dans le sac par la police. Elle débitait tranquillement les comptes de clients qui n'avaient aucunement fait appel à ses services. Leur seule erreur : avoir fait le plein d'essence chez un pompiste véreux qui revendait leur numéro de carte bancaire à la diseuse de bonne aventure.

Dans ces cas de figure, le système est d'autant plus pervers que le porteur de la carte ne s'aperçoit de rien, et ne fait donc pas opposition.

Le risque de se faire pirater son numéro de carte ne s'arrête pas là. Si vous êtes particulièrement prudent, que vous ne commandez jamais à distance avec votre carte, que vous gardez soigneusement tous vos tickets de caisse, et que vous faites bien attention à ce que personne ne puisse lire par-dessus votre épaule, vous n'êtes pas pour autant à l'abri. Vous pouvez en effet vous faire pirater... par hasard. Aussi étonnant que cela puisse paraître, le numéro d'une carte bancaire peut se reconstituer facilement. Les quatre premiers chiffres du numéro correspondent au code de votre banque. Les huit chiffres restants respectent toujours une formule mathématique appelée « clé de Luhn », que n'importe qui peut récupérer dans un bon livre de math. Du coup, des petits malins ont inventé des logiciels capables de générer à souhait des numéros de cartes bancaires plausibles. Et ces programmes (appelés *credit card maker* ou *credit card master*) sont accessibles gratuitement sur de nombreux sites Internet ! Les pirates informatique appellent ce procédé *carding,* une friandise pour les accros du réseau mondial. Une fois les numéros générés, les fraudeurs n'ont plus qu'à les utiliser pour commander à distance. Si le numéro correspond au compte d'une personne réelle, le malchanceux sera débité, quel que soit le pays où il habite. Dans le cas contraire, c'est le commerçant qui devra régler la facture. Il faut dire que les contrôles sont ridicules. A aucun moment, le système informatique des commerçants ne vérifie que le numéro de la carte correspond bien au nom du client qui s'annonce. La plupart du temps, il se contente de rejeter les cartes dont la suite des douze chiffres ne respecte pas la « clé de Luhn ». Et dans le meilleur des cas, il interroge simplement la banque pour savoir si la carte n'est pas en opposition.

Un manque de rigueur étonnant, dont la communauté bancaire est clairement responsable. Officiellement, les consommateurs n'ont rien à craindre. En théorie, quand un client proteste, il doit se faire rembourser. Cela découle du contrat que chaque société de vente à distance signe avec sa banque, et dans lequel elle « *autorise expressément la banque à débiter d'office son compte du montant de toute opération de paiement dont la réalité même ou le montant serait contesté par écrit par le titulaire de la carte* » (article 3.8 du contrat d'adhésion au système de paiement par carte bancaire, version « paiement à distance »). Mais ce texte est méconnu du grand public, et les banques se gardent bien d'en faire une trop grande publicité. Résultat : le seul élément dont dispose le consommateur est son propre contrat, dont la rédaction est suffisamment ambiguë pour lui laisser croire qu'il doit plier l'échine sans protester. L'article 5-5 du contrat des particuliers précise en effet que « *le titulaire du compte autorise à débiter son compte au vu des enregistrements ou des relevés transmis par le commerçant, même en l'absence de facture signée par le titulaire ou assortie d'un contrôle du code confidentiel*[1] ». La seule clause qui offre un moyen de défense au client est l'article 13 : « *En cas de réclamation justifiée, la situation du compte sera restaurée.* » Sans plus de précision. Pas un mot sur la possibilité, pour le client, de se faire rembourser automatiquement en contestant par écrit la réalité de la transaction, comme le stipule pourtant le contrat du vendeur à distance. Voilà comment de nombreuses banques, en toute mauvaise foi, profitent de l'ignorance de leurs clients pour refuser de leur rembourser des sommes indûment prélevées.

1. Souligné par nos soins.

QUELQUES CONSEILS

— Vérifiez tous les mois vos relevés de compte. Et pas seulement les grosses sommes. Les fraudeurs utilisent parfois les numéros de cartes pour faire des petits achats tous les mois (abonnement à Internet, achats de CD...)

— Si vous êtes débité à tort et que la banque refuse de vous rembourser, montrez-lui que vous êtes au courant des termes du contrat signé entre les sociétés de vente par correspondance et la banque. Si cela ne suffit pas, il ne vous reste plus qu'à saisir le tribunal d'instance (voir page 189). La jurisprudence est claire : sans votre signature (écrite ou *via* le code secret), c'est à la banque de prouver que la transaction a bien eu lieu.

— Votre banquier n'a pas à vous obliger à porter plainte au commissariat avant de vous rembourser (au demeurant, les coupables sont rarement retrouvés). Il n'a pas non plus à exiger à vos frais la mise en opposition de votre carte (qui n'est ni perdue ni volée). S'il insiste, l'opposition doit être prise en charge par la banque.

— Attention aux fournisseurs d'accès à Internet. Pour vous attirer, ils vous offrent un ou plusieurs mois d'accès gratuit... à condition de transmettre votre numéro de carte bancaire. Si vous laissez passer la date limite de l'offre, vous serez débité tous les mois. Et même si vous résiliez, certains ne se gênent pas pour continuer les prélèvements comme si de rien n'était !

— Si vous avez accès à Internet, évitez de faire des achats en transmettant votre numéro à seize chiffres. Il y a quelques mois, la Répression des fraudes a découvert un fichier de 26 000 numéros de cartes bancaires correspondant à des acheteurs un peu partout dans le monde. La liste circulait de site pirate en site pirate...

UN CONTRAT N'EST PAS PAROLE BIBLIQUE

Il paraît qu'un contrat signé vous engage de façon irréversible. C'est du moins ce que veulent faire croire les professionnels de tout poil — banques, opérateurs de téléphones mobiles, fournisseurs d'accès à Internet... — dès que l'idée saugrenue vous vient d'entrer en litige avec eux. Car leurs contrats sont généralement bien ficelés... en leur faveur. Et c'est là que le bât blesse. Les clauses qui engendrent un déséquilibre trop marqué sont « abusives » au sens de la loi et peuvent donc être contestées. Selon le Code de la consommation : *« Sont abusives les clauses ayant pour objet ou pour effet de créer, au détriment du consommateur, un déséquilibre significatif entre les droits et obligations des parties »* (article L132.1). Face à ce déséquilibre, le consommateur n'est pas démuni. Il lui suffit de saisir le tribunal d'instance ou de grande instance de son département. Comment reconnaître une clause abusive ? Qu'entend-on exactement par *« déséquilibre significatif entre les droits et les obligations des parties »* ? Pour y voir plus clair, la Commission des clauses abusives (CCA), composée de magistrats et de représentants des consommateurs et d'entreprises, met à la disposition du public une « recommandation de synthèse » qui cite les grands classiques des clauses abusives. Nous les avons retracés en quelques points.

Faire varier le prix en fonction d'éléments arbitraires

Certaines sociétés de contrat de maintenance (chauffage, ascenseur, garage...) stipulent que *« le prix variera tous les ans en fonction de la conjoncture économique »*.

Ce flou artistique est abusif. En 1995, une maison de retraite fut ainsi condamnée pour la phrase suivante : *« Le prix de pension peut être modifié en cours de séjour par suite de variations dans les conditions économiques. »*

Exonérer le professionnel de sa responsabilité

C'est la grande mode : les clients paient pour un service, mais s'il ne marche pas, le professionnel n'est pas responsable ! Cette clause se retrouve notamment dans de nombreux contrats de téléphone mobile. Chez SFR, par exemple, *« l'abonné déclare avoir été informé et accepter expressément que les services puissent être perturbés, voire interrompus momentanément ou localement »*. Une clause récemment jugée abusive par le tribunal de grande instance de Nanterre, et qui sera sans doute bientôt supprimée... mais seulement pour les futurs contrats. Dans la même veine, les hôtels, les vestiaires des discothèques ou les maisons de retraite déclinent souvent *« toute responsabilité en cas de vol ou de perte des objets confiés »*. En la matière, la règle fixée par la Commission des clauses abusives est pourtant claire : le professionnel peut s'exonérer de sa responsabilité si les causes du dysfonctionnement lui sont extérieures (tempête, catastrophe naturelle...), et seulement dans ces cas-là.

Abusif aussi, le fait d'obliger le consommateur à payer malgré un service défaillant. C'est le cas des opérateurs de téléphone mobile (encore eux !) qui obligent leurs clients à conserver leur abonnement pendant un an, même en cas d'erreur de facturation ou de saturation du réseau.

Limiter l'indemnité du client

Pour se protéger, certaines entreprises fixent aussi par avance l'indemnité à laquelle le client pourrait prétendre en cas de service défaillant. Cette clause est abusive. Un exemple : votre teinturier vous rend une robe abîmée. Il vous propose l'indemnité forfaitaire affichée dans le magasin, soit 100 F. Si vous estimez que cette somme est insuffisante, vous êtes parfaitement en droit d'en demander davantage.

Donner au professionnel la faculté de résilier le contrat de façon discrétionnaire

Très courantes, les clauses qui permettent au professionnel de mettre un terme au contrat sous le moindre prétexte n'en sont pas moins abusives. En 1994, une maison de retraite fut ainsi condamnée à modifier la clause qui l'autorisait à *« mettre fin à la présente convention si le comportement du pensionnaire était de nature à perturber la nature de la bonne marche de l'établissement »*. Dans le même esprit, certains établissements de crédit se permettent de rompre un contrat de prêt à la suite d'un seul incident de paiement, ce qui est pour le moins rapide.

Faire approuver des documents non signés

« Le signataire reconnaît avoir reçu un exemplaire des conditions générales et du tableau des garanties. » Cette phrase se retrouve souvent dans les contrats d'assurance, mais elle n'a rien à y faire. Les seuls documents approuvés par le client doivent être signés de sa main. De même, signer une page recto n'implique pas une approbation des *« conditions générales indiquées au*

verso », comme on le voit trop souvent, notamment pour souscrire une carte de paiement d'un magasin. La Commission des clauses abusives estime aussi que des textes rédigés en caractères *« illisibles ou incompréhensibles »* ne sont pas valables.

Considérer la publicité comme « non contractuelle »

« Document non contractuel » : cette précision, indiquée en petits caractères, figure souvent sur les cartes des réseaux de téléphone mobile, notamment celles de Bouygues Telecom. Elles indiquent les zones où le service fonctionne. Or, les informations de ce type, qui émanent du professionnel et qui sont de nature à influencer grandement la décision du client, sont forcément contractuelles. Dire le contraire est nul et non avenu.

Interdire le recours aux tribunaux

Certaines sociétés ont trouvé la combine absolue pour se protéger : l'interdiction pour le signataire de recourir aux tribunaux en cas de litige. Cela n'engage bien sûr en aucune façon le signataire.

Cette liste ne constitue, malheureusement, qu'un petit aperçu des dérives constatées. La « recommandation de synthèse » de la Commission des clauses abusives est elle-même incomplète. Elle n'évoque pas, par exemple, les clauses qui laissent au professionnel la possibilité de modifier son contrat à tout moment. Or, elles sont considérées comme abusives dans plusieurs recommandations rédigées dans des secteurs spécifiques. Ce fut le cas, en octobre 1998, pour les sociétés d'abonnement à la télévision par câble. Sont considé-

QUELQUES CONSEILS

— Avant de signer, épluchez vos contrats. Si vous n'êtes pas en accord avec certaines clauses, rien ne vous empêche de les barrer au stylo, ou de demander qu'elles soient modifiées.

— Si vous avez un litige après la signature, n'entamez pas tout de suite une action en justice. Utilisez plutôt la menace d'une procédure pour obtenir un règlement de votre litige à l'amiable.

— Quand le tribunal reste la seule solution, blindez votre dossier. Demandez à la Commission des clauses abusives de vous envoyer sa « recommandation de synthèse ». Elle le fait gratuitement. Elle peut aussi vous dire si le secteur qui vous concerne n'a pas déjà été cité dans une recommandation. Depuis 1978, la Commission a émis une cinquantaine de recommandations dans de très nombreux secteurs (maison de retraite, distributeurs d'eau, téléphone mobile, vente immobilière, location automobile...). Ces documents vous seront d'une grande utilité pour convaincre les juges de votre bon droit. Voici l'adresse de la Commission des clauses abusives : Télédoc 023, 59, boulevard Vincent-Auriol, 75703 Paris Cedex 13. Et son téléphone : 01 44 97 23 10.

— Si vous portez le litige en justice, vous pouvez faire appel à une association de consommateurs (liste en page 205). Dans ce cas de figure, le tribunal peut ordonner la suppression de la clause incriminée dans tous les contrats concernés, et pas seulement dans le vôtre. Une façon d'œuvrer pour la collectivité...

rées comme abusives les clauses « *ayant pour objet ou pour effet de permettre au professionnel de modifier la liste des chaînes annoncées sans information préalable et sans offrir au consommateur la faculté de résilier son contrat pour ce motif* ». Ce comportement touche aussi les banques et les fournisseurs d'accès à Internet. La BNP, par exemple, « *se réserve le droit d'apporter des modifications aux présentes conditions* » (extrait de la « Convention de la BNP »). Wanadoo, le fournisseur d'accès à Internet de France Telecom, peut « *modifier son service, sans autre formalité que de porter ces modifications dans ses conditions générales en ligne* » (diffusées sur Internet). Or, si le professionnel a bien le droit de corriger son contrat, il doit d'abord le soumettre à l'approbation du client.

Bref, les clauses abusives sont nombreuses et ne se limitent pas, hélas, à quelques petites sociétés de mauvaise réputation.

Le pari des entreprises est simple (et souvent bien vu) : les gens qui osent contester un contrat qu'ils ont eux-mêmes signé sont rarissimes. Comme l'expliquait le grand avocat des consommateurs Me Luc Bihl, dans un colloque consacré en décembre 1997 aux clauses abusives : « *Le plus souvent, les organisations professionnelles qui rédigent les modèles de contrat savent parfaitement que telle ou telle clause est abusive, voire illégale. Ils l'insèrent néanmoins comme force de dissuasion.* » Ne vous laissez pas impressionner.

OBTENIR RÉPARATION APRÈS UNE ERREUR MÉDICALE

Comment se défendre en cas d'erreur médicale ? Les récents scandales du sang contaminé, ou de la clinique du sport (des dizaines de patients opérés entre 1988 et 1993 ont été contaminés par une redoutable infection osseuse), incitent à se poser la question.

Les témoignages des victimes sont terribles. Les accidents arrivent souvent après des opérations bénignes : intestin perforé au cours d'une coloscopie, hémiplégie suite à un accouchement sous péridurale, visage défiguré par une opération de chirurgie esthétique... Sans parler des décès en cours d'opération évalués à plus de 2 000 par an.

D'autres accidents aboutissent à des infections plus ou moins graves contractées à l'hôpital par manque d'hygiène ou à cause d'une mauvaise stérilisation des instruments. Evaluées à 800 000 par an par le ministère de la Santé, ces infections représentent 7 % des hospitalisations en court séjour, et vont de la simple grippe à l'hépatite C ou le sida. On estime que 10 000 personnes en meurent chaque année. Une pratique figure parmi les accusés : la réutilisation d'un matériel théoriquement jetable. Ce dérapage est beaucoup plus fréquent qu'on ne le croit. Lors d'une enquête réalisée en 1997, la Répression des fraudes l'a constaté dans onze établissements sur trente (neuf privés et deux publics).

Qu'il s'agisse d'infections ou d'accidents, mettre en cause la responsabilité médicale est une tâche particulièrement ardue. Mais pas impossible. Première démarche à accomplir : demander votre dossier médical à l'hôpital qui vous a « soigné ». Toutes les informations médicales s'y trouvent : raisons de l'hospitalisation, médicaments prescrits, résultats des examens, consultation pré-anesthésique, comptes rendus opératoires, etc. En théorie, cette demande est une simple formalité. Il suffit de passer par l'intermédiaire d'un médecin de votre choix[1] pour obtenir le dossier (décret du 30 mars 1992). En pratique, l'hôpital ou la clinique rechigne souvent. A vous de persévérer puisque la loi est de votre côté. Deuxième étape : procéder à une expertise. Fort de votre dossier médical, vous devez saisir un médecin de votre choix pour démontrer qu'il y a bien eu erreur médicale. Le choix du médecin est crucial. Nombreux sont ceux qui ne sont pas prêts psychologiquement à mettre en cause le

1. Le gouvernement envisage de présenter un projet de loi pour autoriser directement l'accès au dossier médical sans passer par un médecin.

travail de l'un des leurs. Pour vous guider, une prise de contact avec une association apparaît indispensable (voir ci-dessous). Il ne faut pas se voiler la face : la procédure est longue et chère. L'expertise coûte au minimum 5 000 F et parfois jusqu'à dix fois plus. Plusieurs sont parfois nécessaires, surtout si l'établissement mis en cause demande à son tour des contre-expertises... Ces frais ne seront remboursés qu'en cas de victoire devant la justice. Malgré ces difficultés, 1 500 plaintes de ce type ont été déposées en France en 1997.

Le choix du tribunal varie selon la nature de l'établissement hospitalier. S'il s'agit d'une clinique privée, il faut saisir le tribunal d'instance ou de grande instance (voir page 191). Pour un hôpital, c'est le tribunal administratif qui s'impose. Dans tous les cas, l'aide d'un avocat s'avère incontournable, surtout pour des questions aussi délicates.

Devant les tribunaux, la partie n'est pas gagnée d'avance, bien au contraire. Statistiquement, en bout de course, la moitié des patients ne sont pas indemnisés... parfois après des années d'effort. Il faut dire que les médecins sont particulièrement bien protégés.

Selon un arrêt du 20 mai 1936 (arrêt Mercier), le corps médical a une obligation de moyens, pas de résultats. En clair, le seul fait qu'une opération se passe mal ne suffit pas à obtenir gain de cause. Il faut prouver la négligence médicale, avant ou pendant l'hospitalisation (erreur de diagnostic, instruments contaminés, faute de procédure...).

Cela dit, la jurisprudence des tribunaux administratifs évolue en faveur des patients. L'arrêt Gomes, en décembre 1990, marque un tournant. Serge Gomes a 15 ans quand, en 1983, les chirurgiens des Hospices civils de Lyon décident d'opérer sa cyphose, une mau-

QUELQUES CONSEILS

— Si vous êtes d'un naturel inquiet, faites-vous opérer dans un hôpital plutôt que dans une clinique. D'abord parce qu'en cas d'accident, une éventuelle indemnisation est plus facile à obtenir devant les tribunaux. Ensuite parce que les procédures d'hygiène de chaque hôpital sont validées par des « comités de lutte contre les infections nosocomiales » (contractées à l'hôpital), ce qui n'est pas obligatoire dans les établissements privés.

— Avant de vous faire opérer, demandez au médecin les risques exacts que vous encourez. Demandez-lui si une autre opération serait moins risquée. L'idéal serait qu'il vous réponde par écrit. Si l'opération se passe mal, l'absence préalable d'informations sur les risques (ou des informations fausses) peuvent ouvrir la voie à une indemnisation.

— Pour une indemnisation rapide, une transaction avec l'hôpital est toujours possible. Mais la somme éventuellement accordée sera moins importante que devant la justice.

— Face à une erreur médicale, se faire aider est indispensable. Quelques associations se sont créées à cet effet. C'est le cas de l'AVIAM, l'Association des victimes d'accidents médicaux. Son fondateur est un avocat, Me Fédia Julia, dont la fille est devenue paralysée à la suite d'un accouchement sous péridurale. Une quinzaine d'antennes sont réparties dans toute la France. Adresse à Paris : 22, avenue Emile-Zola, 75015 Paris. Tél. : 01 45 32 95 88.

Il existe aussi l'Association d'aide aux victimes d'accidents corporels et d'erreurs médicales (AAVAC), 1, rue de l'Eglise, 33200 Bordeaux. Tél. : 05 56 42 63 63.

vaise courbure de la colonne vertébrale. L'opération consiste à implanter des tiges de métal dans le dos. Serge Gomes en ressort paraplégique. Sept ans après, la cour d'appel administrative déclare l'hôpital responsable des conséquences de l'opération et accorde à la victime 130 000 F par an. Pourtant, aucune faute de l'hôpital n'a été prouvée, ni de la part des médecins, ni du personnel. Mais la cour a condamné pour trois raisons : les complications se sont révélées anormalement graves, la nouvelle technique employée ne s'imposait pas pour des raisons vitales, et elle faisait courir au patient des risques inconnus. Après cet arrêt, d'autres décisions du même type ont suivi. Certains patients ont obtenu plus d'un million de francs d'indemnités. Grâce à cette nouvelle jurisprudence (encore fragile), le patient n'a plus besoin d'apporter la preuve que la faute a été commise par l'hôpital. Il lui suffit de démontrer le lien entre l'opération et les séquelles qui ont suivi. Une seule réserve, mais elle est de taille : tous ces jugements ont été prononcés par les tribunaux administratifs et concernent donc les hôpitaux. Pour les établissements privés (cliniques), les tribunaux d'instance et de grande instance sont, pour l'instant, moins favorables aux patients.

Conclusion

Deux cents pages pour évoquer l'opacité dont les consommateurs sont victimes, c'est à la fois trop et pas assez. Trop, parce que les constats qui émaillent cet ouvrage ne correspondent pas aux exigences d'information d'un pays développé. Pas assez, parce que l'imagination des professionnels est sans limites, et qu'il faudrait encore sans doute des centaines de pages pour en venir à bout.

Les associations de consommateurs tentent de renverser la vapeur, et elles y parviennent de temps en temps. Mais elles sont encore trop faibles dans notre pays. Peut-être devraient-elles prendre exemple sur leurs puissantes homologues américaines ou allemandes. Là-bas, les associations ont compris que le consommateur était aussi un citoyen. Le prix, la qualité, la transparence et la sécurité restent des combats fondamentaux, mais d'autres préoccupations sont en train d'émerger. Comment sont fabriqués les produits ? Risquent-ils de nuire à l'environnement ? Font-ils travailler des enfants ? L'acte d'achat devient un choix politique. Les enquêtes d'opinion le montrent : le consommateur ne veut plus seulement consommer, mais s'affirmer comme acteur du monde qui l'entoure.

Annexes

1

Comment saisir la justice

En cas de litige avec un professionnel, il faut toujours tenter de le résoudre à l'amiable. Mais vous serez d'autant plus efficace que vous connaîtrez les textes de loi qui vous protègent (voir notamment l'annexe 2), et que vous saurez comment saisir la justice si les négociations échouent.

Entamer une procédure est moins difficile, moins coûteux et souvent moins long qu'il n'y paraît. Les démarches diffèrent selon la somme concernée par le litige, et deviennent plus compliquées au fur et à mesure que l'enjeu financier augmente.

1. Le litige porte sur moins de 25 000 F

Vous pouvez utiliser les procédures dites « simplifiées » en saisissant le tribunal d'instance. Des formulaires type sont généralement mis à disposition au greffe du tribunal. Vous pouvez aussi saisir le tribunal par courrier, de préférence en recommandé. Votre lettre doit indiquer vos nom et adresse, ceux de votre adversaire, les raisons de votre saisine, vos éléments de preuve (témoignages, factures, contrat...) et votre demande : remboursement, dommages et intérêts, etc. Vous serez ensuite convoqué au tribunal et vous pourrez vous expliquer oralement. Vous pouvez aussi vous faire représenter par votre conjoint ou un parent en ligne directe. L'avocat n'est pas obligatoire. Le jugement est rendu quelques semaines plus tard et il est envoyé par courrier aux deux parties. L'appel est impossible. Si vous gagnez, vous devez adresser une copie du jugement à votre adversaire par l'intermédiaire d'un huissier de justice (coût : 250 à 500 F). Au total, la procédure dure en général deux ou trois mois.

2. Le litige porte sur plus de 25 000 F

La procédure est identique à celle évoquée plus haut, à une différence près : vous devez envoyer une assignation à votre adversaire. C'est une lettre qui résume vos demandes et vos éléments de preuve. L'assignation doit être tranmise par un huissier de justice. Coût : 250 à 500 F, qui vous seront remboursés en cas de victoire (à condition d'avoir pensé à le demander au tribunal...).

3. Le litige porte sur plus de 50 000 F

Si le litige concerne les crédits à la consommation et les locations immobilières, le tribunal d'instance reste compétent même pour les sommes supérieures à 50 000 F (voir procédure ci-dessus).

Dans les autres cas de figure, il faut saisir le tribunal de grande instance. L'affaire devient alors un peu plus compliquée, car il faut obligatoirement passer par un avocat. Le coût des honoraires dépend de la complexité du dossier, mais si vous gagnez, ces frais vous seront remboursés. La durée de la procédure est plus longue qu'au tribunal d'instance.

Attention : si votre dossier concerne la propriété immobilière (vente d'une habitation, syndic...), le tribunal de grande instance est seul compétent quelle que soit la somme en jeu, y compris quand elle est inférieure à 50 000 F.

4. Les procédures simplifiées

Pour rendre la justice plus accessible au grand public, des procédures simplifiées ont été mises en place devant le tribunal d'instance. Elles évitent au plaignant de se déplacer devant le juge. La première s'appelle *l'injonction de payer.*

Elle peut être utilisée quand vous êtes clairement dans votre droit, par exemple si une agence immobilière refuse de vous rembourser votre caution alors que l'état des lieux de fin de location n'a constaté aucune dégradation de l'appartement. Ou si un vendeur par correspondance refuse de vous rembourser malgré le délai légal de rétractation (voir page 97). Il faut alors saisir le tribunal d'instance (même pour les sommes supérieures à 50 000 F) en remplissant un formulaire de « requête en injonction de payer ». Le juge prend sa décision au vu des pièces que vous avez jointes à votre demande. S'il estime que vous êtes dans votre bon droit, il rend une ordonnance d'injonction de payer, que vous devez transmettre par voie d'huissier à votre adversaire. Celui-ci dispose alors d'un mois pour contester. Sans réponse de sa part, vous avez gagné. Il faut alors lui adresser une « formule exécutoire » (à retirer au tribunal), à nouveau par voie d'huissier, pour l'obliger à payer.

En revanche, s'il conteste la première ordonnance du juge, l'affaire sera jugée normalement, avec la convocation des deux parties devant le tribunal. Mais vous pourrez alors demander des dommages et intérêts.

La seconde procédure simplifiée s'appelle *l'injonction de faire*. Elle ressemble comme deux gouttes d'eau à l'injonction de payer, à une différence près : vous ne demandez pas d'argent, mais l'exécution d'un contrat. Par exemple, vous avez payé d'avance une chaîne hi-fi, mais le délai de livraison n'est pas respecté. Ou encore vous avez fait réparer votre voiture, mais la même panne s'est reproduite deux heures après. Vous avez alors la possibilité de remplir une « requête en injonction de faire » auprès du tribunal d'instance. Contrairement à l'injonction de payer, les sommes concernées doivent être supérieures à 50 000 F.

5. Le choix géographique du tribunal

Chaque département compte en moyenne cinq tribunaux d'instance et au moins un tribunal de grande instance. Le tribunal concerné par votre litige est celui qui couvre le secteur géographique de l'entreprise que vous attaquez (son siège social ou l'une de ses succursales). Vous pouvez aussi choisir le tribunal du lieu où la prestation a été exécutée, par exemple celui de votre domicile si vous réclamez de l'argent à un plombier. En revanche, si le litige concerne un immeuble — par exemple un problème avec un locataire ou un propriétaire — c'est le tribunal de la zone de l'immeuble qui doit obligatoirement être saisi. L'adresse des tribunaux figure dans l'annuaire. Vous pouvez aussi vous renseigner dans les mairies.

6. La justice pénale

Si vous êtes victime d'un professionnel malhonnête, vous pouvez porter l'affaire au civil (voir ci-dessus), mais aussi au pénal, devant le tribunal correctionnel. Dans ce dernier cas, il faut que vous soyez victime d'un délit réprimé par le Code pénal (par exemple l'abus de faiblesse ou la publicité mensongère, voir pages 195 et 200). Cette démarche permet d'aboutir à une condamnation du contrevenant (en général à une peine d'amende), mais le montant des dommages et intérêts que vous obtiendrez est souvent moins important qu'au civil.

Vous avez deux solutions. La première consiste à porter plainte auprès du procureur de la République. Avec une réserve de taille : il a le pouvoir de classer l'affaire purement et simplement, et il le fait souvent en raison de l'engorgement des tribunaux. L'autre solution consiste à se porter partie civile. Mais dans ce cas, l'aide d'un avocat ou d'une association de consommateurs devient indispensable.

7. L'aide juridictionnelle

Nous l'avons vu : les procédures judiciaires engendrent des frais, parfois importants quand le recours à un avocat s'avère indispensable. Pour aider les ménages les plus modestes, une aide juridictionnelle a été mise en place. Elle peut être totale (tous les frais sont alors pris en charge) ou partielle (15 à 85 % des frais pris en charge). Dans tous les cas, elle est soumise à des conditions de revenus des demandeurs. En 1999, le plafond des revenus — hors prestations sociales — est de 4 940 F par mois pour obtenir l'aide totale, et de 7 412 F pour l'aide partielle, avec une majoration de 562 F par personne à charge. La demande doit être adressée au Bureau d'aide juridictionnelle de votre tribunal de grande instance. Une fois l'aide obtenue, vous êtes libre de choisir l'avocat qui vous convient.

Sachez enfin que des consultations gratuites d'avocats sont souvent proposées dans les mairies ou les tribunaux.

2

Petit dictionnaire de la consommation

En France, les consommateurs sont plutôt mieux protégés qu'ailleurs. Du moins en théorie. En pratique, leur ignorance réduit une bonne partie de l'efficacité des textes, souvent acquis de haute lutte par les associations de consommateurs. Voici quelques notions importantes du Code de la consommation. Le simple fait de les citer à un professionnel de mauvaise foi suffit parfois à le convaincre de résoudre le litige à l'amiable.

Arrhes et acompte

Une somme versée par avance n'a pas les mêmes conséquences juridiques, selon qu'elle est qualifiée d'arrhes ou d'acompte.

Dans le cas d'un versement d'arrhes, le client comme le professionnel peuvent renoncer à l'exécution du service ou à la livraison du produit. Si l'initiative en revient au client, il perd ses arrhes. Si elle revient au professionnel, ce dernier doit restituer le double des arrhes au client. *« Sauf stipulation contraire du contrat, les sommes versées d'avance sont des arrhes »*, dit le Code de la consommation (art. L.114-1).

Si le contrat stipule au contraire qu'il s'agit d'un acompte, l'engagement des deux parties est définitif. Autrement dit, si les sommes versées par le client sont qualifiées d'acomptes sur le bon de commande (ou sur le devis), personne ne peut plus faire marche arrière. Celui qui renonce malgré tout — qu'il s'agisse du client ou du vendeur — peut être condamné par les tribunaux à payer à l'autre partie le montant total de la commande.

Abus de faiblesse

Abuser de la faiblesse d'autrui en profitant de son âge avancé, de son état mental, de son handicap ou de son faible niveau d'instruction n'est pas seulement immoral, mais illégal. Selon l'article L.122-8 du Code de la consommation, *« quiconque aura abusé de la faiblesse ou de l'ignorance d'une personne pour lui faire souscrire, par le moyen de visite à domicile, des engagements au comptant ou à crédit sous quelque forme que ce soit sera puni d'un emprisonnement de cinq ans et d'une amende de 60 000 F ou de l'une de ces deux peines seulement, lorsque les circonstances montrent que cette personne n'était pas en mesure d'apprécier la portée des engagements qu'elle prenait ou de déceler les ruses ou artifices déployés pour la convaincre à y souscrire, ou font apparaître qu'elle a été soumise à une contrainte »*.

La « visite à domicile » évoquée dans l'article ci-dessus n'est pas le seul cas de figure permettant d'invoquer l'abus de faiblesse. L'article L.122-9 cite aussi le *« démarchage par téléphone ou télécopie »*, une *« sollicitation personnalisée, sans que cette sollicitation soit nécessairement nominative, à se rendre sur un lieu de vente, effectuée à domicile et assortie de l'offre d'avantages particuliers »*, les *« réunions ou excursions organisées par l'auteur de l'infraction ou à son profit »*, enfin les *« foires »* et *« salons »*.

Selon le même article, l'abus de faiblesse peut aussi concerner un individu normal qui perdrait ses moyens dans des situations exceptionnelles, *« lorsque la transaction a été conclue dans une situation d'urgence ayant mis la victime de l'infraction dans l'impossibilité de consulter un ou plusieurs professionnels qualifiés, tiers ou contrats »*. Exemple : une inondation se déclenche brutalement chez vous. Vous êtes affolé, et le dépanneur en profite pour vous facturer des sommes astronomiques. Dans ce dernier cas, les juges sont plus difficiles à convaincre.

Pour faire annuler un contrat signé ou des sommes versées dans ces conditions, il faut saisir le tribunal d'instance ou de grande instance (voir page 189).

Contrat

Tout professionnel est tenu de remettre un exemplaire de son contrat à quiconque lui en fait la demande. Selon l'article R.134-1 : *« est prévu des peines d'amendes prévues pour les contraventions de la 5e classe* (10 000 F [NDLR]) *le fait, pour un professionnel vendeur ou prestataire de service, de ne pas remettre à toute personne intéressée qui en fait la demande un exemplaire des conventions qu'il propose habituellement »*. Dans les faits, de nombreux établissements (clubs de remise en forme par exemple) refusent de remettre leurs documents contractuels aux personnes de passage. Ils se contentent de proposer les dépliants publicitaires. Face à cette mauvaise volonté, le simple fait de citer la loi suffit souvent à les faire revenir à de meilleures dispositions.

Crédit à la consommation

Le crédit à la consommation fait l'objet d'un chapitre entier dans le Code de la consommation. L'une des clauses les plus importantes concerne le délai de rétractation de sept jours offert au souscripteur. Dans un premier temps, le banquier doit remettre au client une offre préalable comprenant le coût total et le taux effectif global du crédit (voir ce mot). Une fois l'offre signée, le client peut faire marche arrière dans les sept jours, sans compter le week-end et les jours fériés. *« Pour permettre l'exercice de cette faculté de rétractation, un formulaire détachable est joint à l'offre préalable »* (L.311-15).

Crédit immobilier

De nombreux articles du Code sont consacrés au crédit immobilier. Parmi les multiples obligations de l'établissement financier, figure celle-ci : envoyer préalablement une offre de prêt comprenant un tableau d'amortissement, le coût total du crédit, le taux effectif global (voir ce mot), ainsi que le contrat d'assurance décès invalidité lié au crédit (art. L.312-7, 8 et 9). La proposition est valable un mois : « *L'envoi de l'offre oblige le prêteur à maintenir les conditions qu'elle indique pendant une durée minimale de trente jours à compter de sa réception par l'emprunteur* » (art L.312-10). Selon le même article, l'emprunteur est alors obligé d'attendre au moins dix jours avant de donner sa réponse définitive. C'est un délai de réflexion obligatoire.

Démarchage

La technique de vente par démarchage peut conduire à des abus. Prises par surprise, les victimes se laissent souvent piéger par le discours de vendeurs bien rodés. Le consommateur est donc protégé en cas de démarchage à domicile, mais aussi en cas de démarchage « *dans les lieux non destinés à la commercialisation du bien ou du service proposé* » (foire, salon, lieu de travail...), y compris si ce démarchage se produit « *à sa demande* », par exemple à la suite du renvoi d'un coupon-réponse pour obtenir la visite d'un vendeur (article L.121-21 du Code de la consommation).

La principale protection réside dans l'instauration d'un délai de réflexion de sept jours accordé au consommateur après la signature du contrat. L'article L.121-25 du Code de la consommation est ainsi libellé : « *Dans les sept jours, jours fériés compris, à compter de la commande ou de l'engagement d'achat, le client a la faculté d'y renoncer par lettre recommandée avec accusé de réception. Si ce délai expire normalement un samedi, un dimanche ou un jour férié ou chômé, il est prorogé jusqu'au premier jour ouvrable suivant.* »

Ce droit de rétractation doit figurer en toutes lettres (sous forme de bordereau détachable) dans le contrat que le démarcheur doit obligatoirement remettre au client.

Pendant ce délai de sept jours, le vendeur ne peut percevoir aucun paiement, pas même un chèque post-daté ou une autorisation de prélèvement. C'est ce qui ressort de l'article L.121-26 : « *Avant l'expiration du délai de réflexion prévu à l'article L.121-25, nul ne peut exiger ou obtenir du client, directement ou indirectement, à quelque titre ni sous quelque forme que ce soit, une contrepartie quelconque.* » Voir aussi chapitre 4.

Garantie

Le téléviseur que vous avez acheté tombe en panne alors qu'il est encore sous garantie. Vous l'apportez donc au service après-vente. Si le temps de la réparation dépasse une semaine, la durée de la garantie est prolongée d'autant. C'est ce qui ressort de l'article L.211-2 du Code de la consommation : « *Toute période d'immobilisation du bien d'au moins sept jours vient s'ajouter à la durée de la garantie qui restait à courir à la date de la demande d'intervention du consommateur.* » Le client a donc intérêt à demander au réparateur deux justificatifs, le premier indiquant la date de remise de l'appareil, le second la reprise du même appareil après réparation.

Livraison

Vous achetez une voiture, une chaîne hi-fi... Si le produit n'est pas disponible immédiatement et si son prix excède 3 000 F (seuil fixé par le décret du 13 octobre 1992), le vendeur doit indiquer une date limite de livraison sur le bon de commande. Cette obligation vaut aussi pour un prestataire de service (exemple : un artisan qui propose de repeindre une chambre) qui doit indiquer la date de réalisation des travaux sur le devis. Dans les deux cas, si la promesse du professionnel n'est pas tenue, le consommateur peut mettre fin à son engagement. L'article L.114-1 le dit en ces termes : « *Le consommateur peut dénoncer le contrat de vente d'un bien meuble ou de fourniture d'une prestation de services par lettre recommandée avec demande d'avis de réception en cas de dépassement de la date de livraison du bien ou d'exécution de la prestation excédant sept jours, et non dû à un cas de force majeure.* » Exemple de cas de force majeure : catastrophes naturelles, incendies...

Une fois le contrat dénoncé, le professionnel doit rembourser au client les sommes qu'il a déjà versées. Le consommateur peut aussi demander des dommages et intérêts s'il subit un préjudice à cause du retard de la livraison, par exemple si la voiture qu'il a commandée devait lui permettre de partir en vacances.

Mais attention : pour exercer ce droit d'annulation, le client dispose d'un délai maximum de soixante jours à partir de la date de livraison prévue (hors samedi, dimanche et jours fériés, soit douze semaines). Si le contrat stipule que le délai indiqué est « indicatif », la clause est illégale.

Pour les produits et services d'un montant inférieur à 3 000 F, l'indication d'un délai n'est pas obligatoire. Mais au-delà d'un temps « raisonnable » (notion que les juges apprécient au cas par cas), le consommateur peut saisir la justice pour exiger la livraison ou l'annulation du contrat.

Loteries publicitaires

Les entreprises de vente par correspondance ont inventé la loterie publicitaire : faire miroiter des gains mirifiques pour inciter le client à passer commande. C'est pourquoi, selon le Code de la consommation, ces opérations « *ne peuvent être pratiquées que si elles n'imposent aux participants aucune contrepartie financière ni dépense sous quelque forme que ce soit* » (article L.121-36). Pour éviter toute confusion, l'article ajoute que « *le bulletin de participation à ces opérations doit être distinct de tout bon de commande* ». Autrement dit, si vous recevez une telle proposition, vous avez le droit de jouer sans passer commande. De plus, les documents publicitaires doivent comporter *« un inventaire lisible des lots mis en jeu, précisant, pour chacun d'eux, leur nature, leur nombre exact et leur valeur commerciale »* (article L.121-37). Les mêmes règles s'appliquent pour les loteries organisées par des hypermarchés, des restaurants, etc.

Obligation d'information

« Tout professionnel vendeur de biens ou prestataire de service doit, avant la conclusion du contrat, mettre le consommateur en mesure de connaître les caractéristiques essentielles du bien ou du service. » Cet article (L.111-1) est l'une des pierres angulaires du Code de la consommation. Dans le langage courant, on appelle cela le « devoir de conseil ». Exemple : si un teinturier pense ne pas être en mesure d'éliminer telle ou telle tache, il doit le signaler au moment où vous remettez votre vêtement. De même, un banquier qui vous proposerait un placement mirifique doit vous informer des risques, de la durée minimale et des pénalités éventuelles en cas de retrait anticipé. De nombreux établissements ont été condamnés à verser aux plaignants des dommages et intérêts pour ne pas avoir tout dit à leur client. Il est évident que le consommateur doit, de son côté, lire les contrats qu'on lui remet...

Publicité mensongère

« Est interdite toute publicité comportant, sous quelque forme que ce soit, des allégations, indications ou présentations fausses ou de nature à induire en erreur » (article L.121-1 du Code de la consommation). Cette définition de la publicité mensongère (ou publicité trompeuse) est suffisamment large pour permettre au consommateur floué de se défendre en attaquant au pénal avec l'aide d'une association de consommateurs (voir page 192). D'autant que la jurisprudence estime que l'infraction est constituée même si le professionnel n'a pas eu l'intention de tromper le client. Un simple oubli de sa part peut donc être condamné. Un opéra-

teur de téléphone qui se vanterait de tarifs « *moitié prix* » par rapport à ceux de France Telecom et qui oublierait, par exemple, de signaler que cette réduction ne s'applique pas aux communications vers les téléphones mobiles serait en faute. De même, un magasin qui aurait fait une erreur d'étiquetage, en indiquant un prix inférieur à celui qu'il voulait pratiquer, est en faute. Le consommateur peut alors citer cette clause sur la publicité mensongère pour obtenir le prix le plus bas qui était indiqué (en menaçant au besoin de saisir la Répression des fraudes).

Refus de vente

Selon l'article L.122-1 du Code de la consommation, « *il est interdit de refuser à un consommateur la vente d'un produit ou la prestation d'un service, sauf motif légitime* ». Les seuls motifs légitimes reconnus par les tribunaux sont ceux qui concernent des demandes anormales du client : par exemple, s'il veut acheter un médicament sans ordonnance, ou s'il souhaite un huitième de baguette de pain, ce qui constitue manifestement une façon d'ennuyer le commerçant. A l'inverse, un magasin ne peut refuser de vendre un vêtement ou un lave-vaisselle sous prétexte qu'il n'en a plus qu'un seul en exposition et qu'il préfère le garder pour sa vitrine.

A noter toutefois que les banques et les établissements financiers bénéficient d'un régime spécial. Ils ne sont pas tenus d'ouvrir un compte ni d'accorder des crédits.

Taux effectif global

Le taux effectif global (TEG) est une mention obligatoire sur les offres de prêts (consommation ou immobilier). Il comprend le taux de base, auquel il faut ajouter « *les frais, commissions ou rémunérations de toute nature, directs ou indirects* » (art. L.313-1). Cela inclut notamment les frais de dossier, ainsi que les assurances décès, invalidité et chômage (voir aussi chapitre 5).

Tromperie

Tromper un consommateur est un acte sévèrement réprimé. Selon l'article L. 213-1, « *sera puni d'un emprisonnement de deux ans au plus et d'une amende de 250 000 F au plus, quiconque, qu'il soit ou non partie au contrat, aura trompé ou tenté de tromper le contractant, par quelque moyen ou procédé que ce soit, même par l'intermédiaire d'un tiers* ». Plusieurs types de tromperies sont définis dans le même article.

— La tromperie sur la nature du produit ou du service. Exemple : un véhicule d'occasion vendu comme neuf.

— La tromperie sur la quantité. Exemple : 90 g de saumon vendus pour 100 g.

— La tromperie sur la sécurité. Exemple : un produit mis sur le marché sans les tests minimum légaux.

Le délit de tromperie peut aussi avoir une définition plus large. En avril dernier, Marylise Lebranchu, secrétaire d'Etat aux PME et au Commerce, précisait que la Répression des fraudes engagerait des actions contre les vendeurs de matériel informatique qui ne passerait pas l'an 2000 en raison du fameux « bogue de l'an 2000 ». L'administration estime que depuis 1997, vendre un produit non compatible avec l'an 2000 relève de la tromperie.

Vente à distance

Acheter à distance, par minitel, téléphone, Internet, sur catalogue ou par télé-achat comporte des risques évidents : que le produit livré ne soit pas conforme à ce que le client espérait au vu des photos ou des slogans publicitaires. D'où l'existence de l'article L.121-16 du Code de la consommation : « *Pour toutes les opérations de vente à distance, l'acheteur d'un produit dispose d'un délai de sept jours francs à compter de la livraison de sa commande pour faire retour de ce produit au vendeur pour échange ou remboursement, sans pénalité à l'exception des frais de retour.* » L'article ajoute que *« si ce délai expire normalement un samedi, un dimanche, un jour férié ou chômé, il est prorogé jusqu'au premier jour ouvrable suivant »*. Si un professionnel indélicat refuse de vous rembourser un produit renvoyé, ou si le remboursement dépasse un délai raisonnable (en général un mois), vous devez alors recourir aux procédures d'injonction de payer ou d'injonction de faire (voir page 190).

Vente liée

L'article L.122-1 du Code de la consommation interdit *« de subordonner la vente d'un produit à l'achat d'une quantité imposée ou à l'achat concomitant d'un autre produit ou d'un autre service »*. Exemple : vous demandez un sandwich dans un café. *« On ne sert pas de sandwich sans boisson »*, vous répond le serveur. Autre exemple : vous achetez un voyage dans une agence de voyages qui exige en même temps la souscription d'une assurance annulation. Dans les deux cas, c'est illégal.

En revanche, la jurisprudence admet la possibilité pour un fabricant de réunir dans un même lot plusieurs produits identiques (yaourts, bières, œufs...). Mais le commerçant, lui, n'a pas le droit de le faire.

Vente forcée

La vente forcée, appelée « vente sans commande préalable », est interdite. Selon l'article L.122-3 du Code de la consommation, *« tout professionnel vendeur de biens ou prestataire de services qui aura indûment perçu d'un consommateur un paiement sans engagement express et préalable de ce dernier est tenu de restituer les sommes ainsi prélevées »*.

Exemple classique : vous recevez par la poste un produit que vous n'avez pas commandé. Dans ce cas, vous n'êtes évidemment pas tenu de le payer. Et vous n'avez pas non plus à le renvoyer à son destinataire. Gardez-le, et si le vendeur se manifeste, dites-lui de venir reprendre son bien lui-même ! Au demeurant, c'est à lui de prouver que le produit lui appartient...

Vice caché

Tout acheteur d'un bien ou service est protégé par la garantie des vices cachés dite « garantie légale ». Les vices cachés sont des défauts suffisamment graves pour rendre la chose vendue *« impropre à l'usage auquel on la destine, ou qui diminue tellement cet usage que l'acheteur ne l'aurait pas acquise ou n'en aurait donné qu'un moindre prix s'il les avait connus »* (article L.211-1 du Code de la consommation). Exemples : une robe qui déteint au premier lavage, une bicyclette dont le pédalier se casse après quelques heures d'utilisation ou un ordinateur qui connaîtrait un dysfonctionnement en raison du bogue de l'an 2000 (voir aussi « Tromperie »).

L'acheteur doit alors engager une action *« dans un bref délai »* après la découverte du vice caché. En général, les tribunaux évaluent ce délai à six mois maximum. La loi donne deux possibilités au vendeur : 1- L'échange ou le remboursement du produit. 2- Une réparation du défaut, ou une indemnisation proportionnelle (difficile à évaluer).

Si le vendeur refuse, l'acheteur doit alors engager une procédure devant le tribunal (voir page 189) où il pourra ajouter à sa demande des versements de dommages et intérêts. Il lui faudra quand même démontrer (par des témoignages ou une expertise) qu'il n'est pas lui-même à l'origine du défaut qu'il a constaté après l'achat.

La garantie légale s'applique à toutes les ventes (sauf les ventes aux enchères), y compris celles qui se déroulent entre particuliers, notamment lors des ventes de produits d'occasion. Mais attention, si les défauts étaient « apparents » au moment de l'achat, la garantie ne joue plus. Autrement dit, il faut inspecter en détail le produit avant de sortir son carnet de chèques. Dans le cas d'une voiture d'occasion, par exemple, l'acheteur doit vérifier toutes les fonctions sans exception. Après l'achat, il sera trop tard. De même, en cas de livraison, il faut toujours vérifier le bon état du matériel avant de signer le bon de livraison (au livreur d'être patient !).

3

Adresses utiles

Dix-neuf organisations nationales de consommateurs sont officiellement reconnues par les pouvoirs publics. Elles siègent à ce titre au Conseil national de la Consommation. Voici leurs coordonnées. Elles pourront vous aider à faire face à vos litiges et, le cas échéant, à entamer des procédures judiciaires au bénéfice de l'ensemble des consommateurs. Certaines sont l'émanation d'un syndicat (CGT, CFDT, FO...), d'autres sont spécialisées dans un domaine particulier (logement, transport...), d'autres enfin ont une approche généraliste.

— ADEIC-FEN, Association d'éducation et d'information du consommateur de la Fédération de l'Education nationale. 3, rue La Rochefoucauld, 75009 Paris. 01 44 53 73 93.
— AFOC, Association Force Ouvrière consommateurs. 141, avenue du Maine, 75014 Paris. 01 40 52 85 85.
— ALLDC, Association Léo-Lagrange pour la défense des consommateurs. 153, avenue Jean-Lolive, 93500 Pantin. 01 48 10 65 82.
— ASSECO-CFDT, Association étude et consommation de la CFDT, 4, boulevard de la Villette, 75019 Paris. 01 42 03 83 50.
— CGL : Confédération générale du logement, 6-8, villa Gagliardini, 75020 Paris. 01 40 31 90 22.

— CLCV, Consommation, Logement et Cadre de vie. 13, rue Niepce, 75014 Paris. 01 56 54 32 10.
— CNAFAL, Conseil national des Associations familiales laïques. 108, avenue Ledru-Rollin, 75011 Paris. 01 47 00 03 80.
— CNAFC, Confédération nationale des Associations familiales catholiques. 28, place Saint-Georges, 75009 Paris. 01 48 78 81 61.
— CNAPFS, Comité national des Associations populaires familiales syndicales. 22, rue des Halles, 75001 Paris. 01 53 40 71 85.
— CNL, Confédération nationale du Logement. 8, rue Mériel, BP 119, 93104 Montreuil Cedex. 01 48 57 04 64.
— CSF, Confédération syndicale des Familles. 53, rue Riquet, 75019 Paris. 01 44 89 86 80.
— Familles de France, 28, place Saint-Georges, 75009 Paris. 01 44 53 45 90.
— Familles rurales. 7, cité d'Antin, 75009 Paris. 01 44 91 88 88.
— FNAUT, Fédération nationale des Associations d'usagers des transports. 32, rue Raymond-Losserand, 75014 Paris. 01 43 35 02 83.
— INDECOSA-CGT, Association pour l'information et la défense des consommateurs salariés. 263, rue de Paris, 93516 Montreuil Cedex. 01 48 51 55 03.
— ORGECO, Organisation générale des consommateurs. 16, avenue du Château, 94300 Vincennes. 01 49 57 93 00.
— UFC-Que Choisir, Union fédérale des consommateurs-Que Choisir. 9 bis, rue Guénot, 75011 Paris. 01 43 48 55 48.
— UFCS, Union féminine civique et sociale, 6, rue Béranger, 75003 Paris. 01 44 54 50 54.
— UNAF, Union nationale des associations familiales, 28, place Saint-Georges, 75009 Paris. 01 49 95 36 00.

Trois organismes officiels sont aussi amenés à défendre les consommateurs :

— La DGCCRF, Direction générale de la concurrence, de la consommation et de la répression des fraudes, dont nous avons beaucoup parlé, et qui dépend du ministère de l'Economie. Ses agents sont chargés de faire respecter la loi en matière de concurrence et de consommation. Ils dressent des procès-verbaux et déclenchent des procédures judiciaires. Si vous leur écrivez pour vous plaindre d'un professionnel, ils iront faire un contrôle sur place, et vous tiendront informé par courrier. En revanche, ils ne vous seront d'aucun secours si vous avez besoin de conseils. Chaque département dispose de son service de Répression des fraudes. Ses coordonnées se trouvent sur minitel : 36 14 consom (37 centimes la minute). Si vous n'avez pas de minitel, vous pouvez écrire à l'adresse suivante : Boîte postale 5000, suivie du chef-lieu de votre département. Le courrier lui sera automatiquement transmis.

— L'ANIL : Association nationale d'information sur le logement. Subventionnée par l'Etat, elle répond à toutes vos questions concernant le logement (location, achat, prêt, litiges...). Pour connaître la liste des antennes départementales, un répondeur téléphonique est accessible au 01 42 02 65 95.

— La Commission de contrôle des assurances. 54, rue de Châteaudun, 75009 Paris. Tél. : 01 55 07 41 00. Cette commission dépend du ministère de l'Economie et des Finances. Si vous êtes victime d'un assureur qui ne respecte pas la loi, saisissez-la. Elle pourra rappeler la compagnie d'assurance à l'ordre.

Index

Remerciements à :

David Allouche
Frédéric Crotta
Virginie de Laleu
Olivier Gulan
Jacques Koskas
Evelyne et Jean-Pierre Lehnisch
Nasser Négrouche
Olivier Yavchitz

et à tous ceux qui, par leurs informations ou leurs conseils, m'ont aidé à écrire ce livre.

J'adresse un remerciement particulier à Ya-Fei Tsaï pour sa précieuse attention.

Cet ouvrage a été imprimé par la
SOCIÉTÉ NOUVELLE FIRMIN-DIDOT
Mesnil-sur-l'Estrée
pour le compte des Éditions Orban
en novembre 1999

Photocomposition : Nord Compo
59650 Villeneuve-d'Ascq

Imprimé en France
Dépôt légal : septembre 1999
N° d'édition : 13086 - N° d'impression : 49066